中国新供给经济学50人论坛『梅花与牡丹』文化丛书系列之一

梅花与牡丹

——中华文化模式

姚余栋 著

中国金融出版社

责任编辑：仲　垣　张黎黎
责任校对：刘　明
责任印制：丁淮宾

图书在版编目（CIP）数据

梅花与牡丹——中华文化模式（Meihua yu Mudan——
Zhonghua Wenhua Moshi）/姚余栋著 . —北京：中国金融
出版社，2014.9
　ISBN 978 - 7 - 5049 - 7653 - 6

　Ⅰ.①梅…　Ⅱ.①姚…　Ⅲ.①中华文化—文化模式—
研究　Ⅳ.①K203

中国版本图书馆 CIP 数据核字（2014）第 215073 号

出版
发行　**中国金融出版社**
社址　北京市丰台区益泽路 2 号
市场开发部　（010）63266347，63805472，63439533（传真）
网 上 书 店　http://www.chinafph.com
　　　　　　（010）63286832，63365686（传真）
读者服务部　（010）66070833，62568380
邮编　100071
经销　新华书店
印刷　北京松源印刷有限公司
尺寸　145 毫米×210 毫米
印张　8.375
字数　132 千
版次　2014 年 9 月第 1 版
印次　2014 年 9 月第 1 次印刷
定价　48.00 元
ISBN 978 - 7 - 5049 - 7653 - 6/F. 7213
如出现印装错误本社负责调换　联系电话(010)63263947

谨以此书献给秉持文化情怀的全球华人

渔家傲　梅花与牡丹

梅绽雪残牡醉春，年少西壁
指乾坤。马衔铃，水拍谷深。波涛
滚，连迤天边推，谜眉，梅花把盏
晋律酬，牡丹青绝唐音魂，啸声
里，龙盘虎贾，却原来，天下平顺。

甲午年仲夏书赠如公余梅生

编者的话

　　从混沌浩瀚的远古时代，到机器轰鸣的工业革命，再到一日千里的信息时代，人类的脚步早已划过寂寂的历史长空，留下关于文明的足印。中华民族是一个古老而伟大的民族，她的丰富、多元和复杂，使得我们对于她的了解总在不断修正和再认识的过程中逐渐加强。

　　本书作者姚余栋，以一个当代人的普通家国情怀为出发点，运用其经济学者这一特殊身份进行跨界思考，中间十易其稿，历时四年，呕心沥血，对中华民族的文明历程进行了跨越式、纵深型思考，用"梅花"和"牡丹"两种花卉重新定义了中华文化的模式。他把自己比喻成一只发出微光的萤火虫，尽管只发出一丝微光，但希望能够通过这本著作，吸引更多的"萤火虫"，照亮中华民族伟大复兴的前夜。

在中华民族伟大复兴之际，文化的复兴尤其重要。而文化的复兴，更需要文化的自觉，在充分认识自身文明和文化模式之后，赋予一个民族独特的文化属性，确立自己在世界文化中的坐标，从而才能融入更加多元的文化之中，相融与共，实现自尊、自立和自强。

《梅花与牡丹——中华文化模式》是文化自觉中的一面先锋旗帜，作者深厚的经济学背景，使得这本书不同于以往任何一本关于人类文明的著述。它客观，但未必有坚实的史实依据；它严谨，但多以作者擅长的分析经济问题的方法为主；它丰富，但并不是考古学和人类学观点的堆砌。因此，这本书便有了独特的吸引力，它以中华民族史前时代直至现代文明这一世界上从未中断的唯一古老文明为研究对象，本身就已具备了绝对的吸引力。当然，还不止于此，它同时充满了作者更加丰富和具有无限张力的发现和结论，将经济学研究方法置于中华文化模式研究之上，展现了无尽的新奇视角和理性，但不乏意外的观点。

正如作者所说，这本书颠覆了对中华文化传统的定义和想象，重构了中华民族的图腾和精神世界。梅花与牡丹更精致恰当地传达了中华精神。中华文化能绵延万年而不衰，苦难辉煌、古老年轻、统一多元、稳健张扬、传承创新，既是威武厚重的"老古董"，也是嘤嘤啼哭的"新生儿"，既如此古老又如此年轻，既海纳百川又变化万千。

作为编者，能够参与此书，倍感荣幸。希望通过这本书，让更多致力于民族复兴伟大事业的人们凝聚起来，共同见证这五千年来少有的复兴时代！

作者简介

姚余栋：笔名文华，经济学家和文化学者，现任中国文艺评论家协会理事、人民银行文联副主席、人民银行作家协会副主席，人民银行青联常委、人民银行货币政策司副司长，中国新供给经济学 50 人论坛成员、清华大学财税研究中心特邀研究员。曾任国际货币基金组织经济学家、黑龙江省商务厅副厅长，中国人民银行货币政策二司副巡视员。1971 年 4 月出生于宁夏回族自治区。先后在东南大学、清华大学和英国剑桥大学取得工学学士、经济学硕士和经济学博士学位。在《经济研究》和《金融研究》等国内外顶级学术刊物上发表了多篇文章。

1. 专著《学习经济》，人民出版社，2002。

2. 专著《重燃中国梦想：中国经济公元 1—2049 年》，中信出版社，2010（当当网畅销书、浙江省全民读物）。

3. 合著《通胀预期与货币政策》，中国经济出版社，2014。

4. 合著《梅花与牡丹：中国消费社会的崛起》（即将由浙江大学出版社出版）。

5. 合作编著《新供给：经济理论的中国创新》，中国经济出版社，2013。

作者声明：

本书仅代表作者个人观点，与所在单位无关。

本书是华夏新供给经济学研究院和中国新供给经济学 50 人论坛支持课题。

目　录

总序／1

序一　细雨湿夜看不见，闲花落地听无声／5

序二　文化自觉：全球化时代中华美／8

序三　梅花与牡丹是文化创新／13

序四　乾坤万物　复兴往复／17

序五　梅牡精神与改革开放／22

自序　右岸年华，左岸回忆／27

第一章　梅花与牡丹：中华文化身份／51

中华文化的唤醒／53

中华文化的"阐释焦虑"／56

中华文化的双重性／62

中华文化的身份表达／66

中国立场，国际表达/ 74

第二章　无鱼群的巨型孤岛/ 77

一个巨型孤岛/ 81

没有鱼群的海岸线/ 85

塔斯马尼亚岛效应/ 88

"李约瑟难题"新探/ 91

第三章　中华文明滥觞：同源变异/ 99

一元说与多元说/ 106

旧石器时代狩猎采集承载人口/ 110

新石器时代农业经济所承载人口/ 113

史前"人口大爆炸"/ 116

黄河农民的迁徙：风华绝代/ 122

文明裂变的结果：万邦时代/ 128

第四章　两个平原的故事：文化混血儿的诞生/ 133

初始地理环境：两个平原/ 137

两个平原的文化基因/ 140

炎黄联盟的后果：天赋使命/ 143

第五章　"中国的忧伤"及夏酋邦的文化后果/ 147

"中国的忧伤"：黄河周期性泛滥/ 149

不幸中的万幸：永不干枯的河流/ 151

夏酋邦的文化后果：大一统/ 157

第六章　全球化时代的光荣与梦想/ 165

走出国花评选的"囚徒困境"/ 167

我们的祖国是花园/ 172

点缀和谐世界/ 176

人人心中都有梅花与牡丹/ 178

为人类社会灌注时代精神/ 183

第七章　大国兴衰之谜：盛世悖论/ 189

终将消逝的梅花精神/ 191

大唐天宝十四年/ 196

民族精神"断层线"风险/ 200

附录一　书评摘录/ 207

附录二　由《梅花与牡丹——中华文化模式》引发的
十个倡议/ 223

附录三　华夏新供给经济学研究院和中国新供给经济学
50 人论坛简介/ 225

代跋　吾国与吾民/ 234

中国服饰之中国美/ 234

中国居住文化浅谈/ 237

中华佳人词/ 242

临江仙/ 242

《梅花与牡丹》赋/ 243

渔家傲·梅花与牡丹/ 244

后记　一只中华文化复兴的"萤火虫"/ 245

总　序

　　华夏新供给经济学研究院是由贾康、白重恩、王庆等12位学者发起设立、经政府管理部门批准成立于2013年9月的民间智库组织，现任理事长为中国民生银行行长洪崎。研究院旨在推进"以改革为核心的新供给经济学"的研究，秉承"求真务实融汇古今，开放包容贯通中西"的精神，基于全球视野和时代责任感，以"责任、专业、团结、创新"为文化，以"人才是核心，研究是基础，社会效益是追求"为理念，践行勤勉奋进的"梅花精神"和开放包容的"牡丹精神"，打造学习型组织和创新型团队，通过构建跨界合作的"中国新供给经济学50人论坛"，努力建设具有高学术品位和社会影响力的中国特色新型智库。已有几十位经济学家、实业家、金融界精英和媒体人士加盟的新供给经济学研究院的研究团队，通过"新供给双周学术研讨会"、新供给年度重点课题研究等活动，致力于经济学理论的不断发展创新，对中国改革开放予以理论阐释和积极建言，持续推动中国经济改革和发展实践，为中国和世界经济繁荣以及社会进步竭尽所能。

中国新供给经济学研究的目标和实质是把传统经济学理论和发展经济学、制度经济学和转轨经济学等融于一炉，这首先必然表现为中国特色经世济民的"改革开放经济学"：既是改革开放实践经验的梳理与总结，又是对发展中的"社会主义市场经济"的经济学解释与阐发。新供给经济学强调在"破"与"立"结合的理论创新中更加注重"供给管理"和结构优化，并特别关注如何形成有效的"制度供给"，以提升全要素供给效率，提高经济产出质量，并在供给端与需求端的互动中引导合理的投资与消费、力促资源节约、优化配置公共福利及追求可持续发展。这也使研究的成果在具有新供给经济学"经世济用的现代性和中华性"特征的同时，与全球经济社会生活的发展互动，以中国背景的"个性"而连通人类文明提升进程中的"共性"，使"理论密切联系实际"的努力，可以一方面促进中国经济社会发展和"综合实力"提升，另一方面在挖掘、继承、弘扬以"汉唐文明"为杰出代表的中国传统文化价值的同时，充分吸收人类文明精华进行无可回避的现代化改造提升，连通"伟大民族复兴"的"中国梦"及人类共赢愿景。

研究院及论坛致力于"求真务实融汇古今，开放包容贯通中西，努力打造与未来中国经济地位相适应的一流智库"，其新供给经济学理念的构建要体现"四个结合"：一是将马克思主义解放和发展社会生产力的原理与中国国情紧密结合，二是将中国特色社会主义理论体系基本原理与不断发展的实践动态需求紧密结合，三是将中国传统经济思想和文化的精华与当代文明先进认识成果紧密结合，四是将经济学已有成果的去粗取精、去伪存真与经济学势在必行的创新突破紧密结合。

"新供给书系"包括经济和文化两个系列，是华夏新供给经济学研究院暨"中国新供给经济学50人论坛"作为公开出版物的系列研究成果。研究院和论坛力求每一部著作都能够体现思想的力量与研究者的新意，对世事有所裨益。秉承中国新供给经济学研究群体滥觞之篇《中国需要构建和发展以改革为核心的新供给经济学》之期冀，并展望本书系所反映的研究努力的继续深化和未来发展，研究院和论坛诚挚地希望并邀请更多的经济学工作者加入到构建和发展中国新供给经济学的研究和相关政策探讨行列，共同交出一份无愧当代经济学工作者历史使命的答卷，在交流、争鸣和创新中，共同推动中国现代经济学的发展，共同促进中国伟大的现代化。

研究院理事长　洪　崎
研究院院长　贾　康

序 一

细雨湿夜看不见，闲花落地听无声

全国文联理事、中国人民银行文联主席　张汉平

大道似水水自流，海纳百川川自归。文化是人类在认识世界和改造世界的实践中创造的精神财富，是社会政治经济在意识形态上的反映。文化的力量深深地熔铸在民族的凝聚力和创造力之中，成为国家的根、民族的魂。梁漱溟先生在《中国文化要义》中开宗明义提出："我今说文化就是吾人生活所依靠之一切，意在指示人们，文化是极其实在的东西。文化之本义，应在经济、政治，乃至一切无所不包。"中共十七届六中全会明确提出要建设"文化强国"，这预示着一个文化领域的大繁荣、大发展，以及开创精神文化生活全新局面的新时代的到来。

欲理者道其真,欲信者施其明。国家发展需要文化,广大人民离不开文化。在后现代的今天,在追求物质极大丰富的同时,不能忘却我们的精神家园还需要灌溉。当前,我国正处于全面建成小康社会、实现民族复兴"中国梦"的重要战略机遇期。伟大的事业需要崇高的精神支撑和引领,崇高的精神需要优秀的作品激发和讴歌。"中国梦"是民族的梦,也是央行的梦;是全国人民的梦,也是每个央行员工的梦。人民银行文联将组织带领广大文艺爱好者站在中央银行的视角诠释"中国梦",推出更多的优秀作品,形成更有价值的文化成果,引导干部职工倾心追梦、尽力圆梦、共享出彩人生。人民银行文联也将继续广泛宣传社会主义核心价值体系,积极参与央行文化建设工作,切实践行文艺界核心价值观,弘扬真善美,贬斥假恶丑,倡导健康文明,反对不正之风,为全行干部职工道德风尚的形成,发挥好艺术感染和文化熏陶的作用。

人民银行文联成立以来,在人民银行党委和领导的关心支持下,团结和带领全行广大文艺工作者,坚持围绕中心、服务大局、立足行业、面向职工,充分发挥自身的特点和优势,开展了一系列具有广泛群众性的职工文艺活动,为繁荣文艺创作，培养文艺人才，促进银行业的改革发展和先进文化建设作出了应有贡献。在 2013 年人民银行成立 65 周年之际，人民银行文联举办了职工书法美术摄影作品展。略有遗憾的是，当时展出的门类太少，特别是文学作品尤为稀缺。不过今天欣喜地读到人民银行文联副主席姚余栋先生的著作《梅花与牡丹——中华文化模式》，它不仅填补了人民银行文学作品的空白，也创新了中国文学作品关于将中华文化模式高度概括为梅花与牡丹品格的研究。余栋先生历时四年，用业余时间，遨游于书海之间，躬耕于案牍之上，借尺幅天地，放万里胸襟，呕心沥血著就的这部作品，以从中华文化身份到中华文明起源、从文化模式比较到时代光荣与梦想这条主线，深刻阐述了中华文化的精髓。正如余栋先生自云"梅花与牡丹，·为我们理解中华文化提供了一个起点、一个方向标、一幅地图"。

滚滚红尘之中，虽然"右岸年华，左岸回忆，中间是淡淡的忧伤"，但如能坚守因情而悦，因艺而和，那么以文化人春风化雨的信念，梅花傲雪凌霜的品格和牡丹从容淡定的大度一定会包围我们，感染我们，塑造我们。

此为序。

序　二

文化自觉：全球化时代中华美

新供给经济学研究院副理事长、

金陵华软投资集团董事长　王广宇

　　20 世纪末，费孝通先生在北京大学第二届社会文化人类学高级研讨班上首次提出了"文化自觉"的概念。他说："文化自觉是一个艰巨的过程，只有在认识自己的文化，理解并接触到多种文化的基础上，才有条件在这个正在形成的多元文化的世界里确立自己的位置，然后经过自主地适应，和其他文化一起，取长补短，共同建立一个有共同认可的基本秩序和一套多种文化能和平共处、各抒所长、联手发展的共处原则。"而他八十寿辰时所言之"各美其美，美人之美，美美与共，天下大同"，即是对中华文化自觉的高度概括。

从某种意义上讲，文化自觉是一代代中国人在数百年追求现代化历程中渐成之共识，是文化的自我觉醒、自我反省、自我创建，是应对全球化趋势而提出的解决人与人之间关系的方法。生活在特定文化中的人对其文化有足够投入与热情，明晰其来历和形成过程，厘清其特色和发展趋向，并不是要复古，也不是主张异化或全盘西化。这种自知之明，才是实现文化发展转型的自驱力，是适应新环境、新时代的自主选择能力。故今日有识者更要提倡文化自觉，以实证的态度、求是的精神来认识我们历史悠久的文化。

中华乃文化古邦，亦是花之国度。作为诗词歌赋取之不尽的吟咏题材、文化殿堂姹紫嫣红的精灵，绚丽的花儿承载着人类许多的美好情感，如爱情、亲情、友情；象征了人类许多的卓越精神，如高贵、坚韧、自由；也寄托着人类许多的良好愿望，如吉祥、长寿、幸福。天地造化，花儿与人文精神绾结在一起，与人们的历史、传统、道德、风俗和习惯息息相关，被人们赋予众多的文化内涵。赏花，下品品色，中品品香，上品品姿，极品品境。牡丹与梅花均是极品，蕴含了中国传统文化的骨法与气韵、含蓄与写意、寄情与畅神、审美与意趣。

美莫若花。从花触发的文化反思，对内是关于"中华美"的研读，对外则是"中国梦"的探索。习近平总书记讲"大家都在讨论中国梦，我以为，实现中华民族伟大复兴，就是中华民族近代以来最伟大的梦想"，与"各美其美，美人之美，美美与共，天下大同"的观点本质统一。返身回顾，中国的"梦"与"美"休戚相关、不可剥离；放眼未来，全球化时代的中国"美"与"梦"则共迎挑战、共享机遇。这就更要求文化自觉先迈步向前，不能简单弘扬所谓的传统，也不能一味张扬西化。如果走极端，"各美其美"的尽头就是"老子天下第一，其他人的都不行"，"美人之美"的尽头就是"丧失最基本的自信，什么都是别人的好"。这两种极端的痛苦，我们都经历过，所以才更期待"中华美"的"美美与共"和"中国梦"的"天下大同"！

今天，"中华美"必须以全球标准进行重现和展示。世界日益趋平，虽然各类多元文化有同质化趋向，但更大的潜能其实在于激发文化的差异多元化。故 T. Friedmen 提出"地域全球化"（Globalization of the Local）。他说，今日全球化新的趋平化阶段，并不意味会有更多的美国化，而是多元的地方（民族）文化会越来越全球化。R. Inglehart 则通过调查发现大规模文化变迁和继续保持独特文化传统的证据。他说，随着全球经济的发展，我们所看到的不是以西方文化普遍化的形式所表现出来的与日俱增的一致性，而是文明多样性的延续。这种延续是通过积极地重新创造和重新吸纳非西方文明模式而得以实现的……经济发展倾向于将不同的社会推到一个共同的方向上去，但是，这些社会并没有互相靠拢，而是行进在各自传统形成的平行轨道上。

确实如此，在信息技术时代，"美"的展现需要重新定义：定性是美，定量也是美；文字是美，数字也是美。今之时代，云计算出现，导致万物皆联网，无处不计算。社交媒体出现，推动社会向智能时代迈进。人与人之间的合作会更加精巧复杂，越来越多的资源能够自由交换整合，中国之"美"要为世界认知和尊重，应以全球标准重现和展示，与时俱进。从这个方面看，梅花与牡丹无疑是"中华美"的最佳形象化表达。

"中国梦"的实现需要全体国民的理性和建设性。中国经济正从以解决温饱为目标的生存型阶段进入以人的自身发展为目标的新阶段。当前转型的主题就是要建设消费型、服务型、创新型经济，三者的核心是服务。服务业的繁荣发展是现代化的重要标志。从全球视野看，现代服务业是在工业化比较发达阶段主要依托信息技术和现代管理理念而发展起来的知识技术相对密集的服务业。重新审视服务的价值，IBM 公司提出了"服务科学"的概念，并对其展开研究。中国主导产业要过渡到现代服务业，也必须学习和发展服务的理念、知识和科学。更深入地看，过去三十多年改革开放和现代化的主题，基本上是各领域寻求制度和规则的建立，几乎是与 20 世纪 70 年代以来新一波的全球化同步的，但未来要从深化经济改革破题，从而过渡到政治和社会管理的现代化，在全球化和现代化背景中推进制度和社会改革，就离不开文化自觉的理性与建设性。

今天，我们不需要拣起任何一个所谓的传统来抵抗全球化，而是要思考建设一个什么样的未来世界以更符合我们所有人。放眼寰宇，以博大胸怀理解他人与自己，更要懂得对传统文化的反思和再造。在离开时，让世界的"美梦"比我们初来时实现了一些，相信这是你我共同的心愿。

序 三

梅花与牡丹是文化创新

中国金融出版社社长　魏革军

　　姚余栋先生既是一个经济学家，也是一个具有强烈文化追求的人。作为人民银行文联副主席，在相对复杂、浮躁的环境下，能够静下心来，潜心思考和研究文化，他的执著、严谨和创新令人感动和钦佩。

　　认识余栋的时间不算长，由于志趣相近，几乎每次见面都谈及文化，很快成为良师益友。他把梅花与牡丹看作中华文化象征或特殊的文化符号，是一种形象的比喻，也反映了他独特的人文情怀、见解、视角和责任。

　　梅花与牡丹是国人喜爱的花卉，它们所象征的品格和精神，自古至今被广泛传颂，以梅花、牡丹为题材或寓意的诗词歌赋及文学作品汗牛充栋。有人粗略统计，有关梅花、牡丹的古诗词名作均在百篇以上，足见二者在人们心中的位置。梅花，象征着纯洁、坚贞和坚韧。宋代王安石这样咏梅，"墙角数枝梅，凌寒独自开"；唐代崔道融著有诗句，"香中别有韵，清极不知寒"；元代冯子振曾写道，"任他桃李争春色，不为繁华易素心"；毛泽东赞美梅花，"俏也不争春，只把春来报"。这些诗句描绘了梅花独特的品质。牡丹象征着忧患、包容和开放。唐代白居易在《惜牡丹花》一诗中写道，"惆怅阶前红牡丹，晚来唯有两枝残"；刘禹锡在《赏牡丹》中这样说，"唯有牡丹真国色，花开时节动京城"；唐代徐凝赞美牡丹，写下"何人不爱牡丹花，占断城中好物华"的诗句；宋代谢枋得有"春深富贵花如此，一笑尊前醉眼看"的诗句。近现代文学作品对梅花、牡丹也是情有独钟，赞咏梅花、牡丹的名篇佳作不胜枚举。

　　文化是一个国家软实力的重要体现，具有丰富的内涵以及广泛的影响力和渗透力，并在很大程度上决定着人们的价值取向和行为。文化犹如一根红线贯穿于社会发展的过程之中。余栋用梅花和牡丹诠释中国人的文化精神并非空穴来风。他查阅了大量的文献资料，深入研究了我国的文化起源和历史变迁，善于归纳、梳理、提炼和升华，既尊重传统、富于理性和逻辑，又充满感情、开放和包容，其结论独树一帜，又有扎实的基础。

把梅花与牡丹作为文化象征契合我国传统文化特点和时代精神。中华民族源远流长，逐步形成了独特的历史文化：谨慎、坚韧、包容、谦和，既有梅花凌风傲雪、坚韧不拔的毅力，也有牡丹大气大度的品质。我们的文化蕴含着强烈的忧患意识，有危机感、紧迫感、责任感和使命感，也具有兼容并蓄、海纳百川的胸襟。这恰恰是梅花和牡丹最基本的社会属性。这种文化是经过几千年融合形成的，是特殊的地理环境和历史造就的，具有强大的生命力。

用梅花与牡丹代表和彰显我国的文化，是一种创新和突破。文化是渗透到血液里的力量，是抽象的，同时又是鲜活的、具体的。用两种花卉概括我国文化，是充满想象力和创造力的，这种对文化物化而又富有寓意的表达，生动、形象、具体，易于识别、易于认知、易于沟通、易于弘扬。我国地域辽阔，经济与文化差异大，要增强向心力、凝聚力，需要对文化有相对统一的自然表达，并把共同认知转化为强大的物质力量和精神力量。从这种意义上看，余栋的研究是我国全面发展所需要的。

中国日益融入世界，世界也需要全面了解中国。在文化交互影响和融合的进程中，我们需要更加有效的载体和传播讲述中国人自己的文化故事。这个故事应当有广泛理解的语境，有引人入胜的情节，有明确的价值符号，有独特的精神魅力。余栋所提倡的梅花与牡丹之文化精神，无疑是有益的尝试。

文化问题是复杂的，任何抽象或物化都存在一定的风险，但不能因此裹足不前。作为朋友，衷心希望余栋沿着这样的轨迹思考、求索，不断完善升华自己的理论。

乾坤万物　复兴往复

中国光大银行副行级领导，信用卡部总经理　戴　兵

　　中国人推崇"天行健，君子以自强不息；地势坤，君子以厚德载物"。这两句话出自《易经》中的卦辞，为六十四卦中的首卦乾卦和第二卦坤卦。传说《易》为上古伏羲氏所制，后于新石器时代由周文王根据河图、洛书演绎并加以总结概括形成《易经》，这部我国文化史上最古老、地位最显要的典籍，集结了华夏五千年智慧与文化，对中国的道教、儒家、中医、文字、算术、军事、命理、民俗等各个文化层面产生深远的影响，可谓大道之源、群经之首、圣人之道、帝王之学。

　　古人认为：天在上，为阳，性刚；地在下，为阴，性柔；天地最大且包容万物，天地合而万物生焉，四时行焉。所以八卦中乾卦为首，坤卦次之，乾为天，坤为地，天高行健，地厚载物。乾卦与坤卦相互影响，相互牵制，刚柔并济，生生不息而造万物。

　　乾卦"天行健，君子以自强不息"，揭示的是阳刚者的进取哲学，其精神诠释就如凌霜傲雪的梅花品格。梅花坚贞不屈，神姿绰约，被誉为花中"四君子"之首，也是"岁寒三友"之一。无论环境多么恶劣，梅花仍在凌厉寒风中傲然绽放于枝头，当之无愧为中华民族最有骨气的花。梅之风骨，亦如人之气节，正如梁启超先生在清华大学演讲所言：君子自励犹天之运行不息，不得有一曝十寒之弊，且学者立志，尤须坚韧强毅，虽遇颠沛流离，不屈不挠。人之生于世，犹舟之航海，顺风逆风，因时而异。如必风顺而后扬帆，登岸无日矣。梅的品格与气节成为民族精神的写意，化为民族魂的代表。梅的傲骨激励着一代又一代的中国人不畏艰险、百折不挠、奋勇前进。这种自强不息、坚韧不拔的精神就是梅花精神。

　　坤卦"地势坤，君子以厚德载物"，代表了阴柔者的仁爱处世哲学，象征的是兼收并蓄的牡丹性格。牡丹雍容华贵，国色天香，自南北朝时已被追捧，在唐代更是达到鼎盛，被誉为"百花之王"。牡丹花开盛世，有着雍容大气的胸怀和上善若水的气质，如梁启超先生所言"坤象言君子接物，度量宽厚犹大地之博，无所不载，君子责己甚厚，责人甚轻"。所谓君子，必有仁爱之心。厚德载物的牡丹精神，引导人们要如同流水一样，滋润万物、承载万物，才能实现华丽绽放；有大地一样宽厚仁爱的胸怀，包容万物、孕育万物，方能实现整个国家、整个社会乃至整个世界的和谐发展。

阴阳互生、刚柔并济，方谓之道。"自强不息"、"厚德载物"是中华传统文化的两条精神命脉，也是中华民族生生不息、傲然挺立于世界民族之林的精神之源和力量之源。几千年来，在"自强不息"和"厚德载物"两种思想的潜移默化下，中国人形成了鲜明的性格和品行，创造了先进的科学和文化。梅花精神中的"坚韧"和牡丹精神中的"仁爱"二元和谐，共同造就了华夏民族的精神气质，最终孕育了伟大的华夏文明。

华夏文明经历了几千年时间和历史的考验，传承的文化精髓被历代华夏子民所认同并不断发展，显示了其强大的内生性和先进性，在保持自身文化进步的同时，对外来的文化纳为己用，使其内容丰盈。这种"自强不息、厚德载物"的精神，就如梅花与牡丹精神的和谐共生，体现了文化的兼收并蓄，提升了人们的修养，促进了整个社会的健康发展。

几千年来，中国传统文化的传播一直是自发进行的，是一种基于文化本身先进性的自觉传播。对于现阶段的中国，文化复兴更多需要的是传播的复兴，需要归纳总结我们自己的文化品牌，积极主动地将我们的传统文化传播到全世界，最终实现让世界了解中华文化，让中华文化走向世界。

梅花与牡丹是中国土生土长的传统名花，其精神作为中华文化的重要载体已经传承了几千年，已经成为中华文明的一种象征符号、精神图腾。作为一位经济学家，姚余栋博士心中同时盛开着梅花和牡丹。一直以来，姚余栋博士不断为我们描画了其心中盛放的梅花和牡丹：在其《重燃中国梦想：中国经济公元1—2049年》一书中，他审视两千多年经济发展史，展望中国经济未来腾飞的伟大气象，阐述中华民族的伟大复兴梦想，这种乐观的心态呈现出的就是牡丹花开盛世的大气之势；同时，在对中华文化模式的探求中，姚余栋博士皓首穷经、呕心沥血，几易其稿后终完成本书，充分体现了自强不息、锲而不舍的梅花精神，对于中华传统文化，姚余栋博士可谓是孜孜不倦的思考者、研究者、传播者，堪称"文化传播的布道者"。中华文化精髓的梅花与牡丹精神在姚博士身上充分体现，这种对国家和民族的责任感，对整个中华文化的大爱，值得我们敬佩和学习。希望未来，能够有更多的有志之士投身文化研究与文化传播，让中华文明的智慧之花开满世界各地，让中华文明的和谐之美传遍天下四方！

是为序。

序 五

梅牡精神与改革开放

国家开发银行研究院副院长　黄剑辉

　　踏着 2014 年马年春天的轻快脚步，伴着 2013 年 11 月中共十八届三中全会吹响的新一轮改革开放号角，在中国未来必将长期直面全球化背景下的"新战国时代"的政治经济竞争格局之际，马年春节期间，我的好朋友姚余栋先生的大作《梅花与牡丹——中华文化模式》顺利完成、"奔腾"而至。姚余栋先生在发给我的邮件中写道"历时四年的多个假期，特别是春节，我终于完成了《梅花与牡丹——中华文化模式》书稿"。读毕全书，在惊叹、叫绝之余，我的第一个感受是此书的诞生过程印证了"梅花香自苦寒来，宝剑锋从磨砺出"，第二个感受是此书倡导的运用"梅花与牡丹精神"代表"全球化时代的中华美"、"为美丽中国造就美丽中国人，为人类社会灌注时代精神"，提出了极为重要的时代命题，在重塑和提升中华文化软实力方面具有无可估量的划时代意义，其未来在国内外的影响必将印证"唯有牡丹真国色，花开时节动京城"。

文化象征寓意的运用是中国传统文化的一大特色。在中国的语言文化及各种艺术形式中常常采用各种手法，如隐喻、象形、谐音等，以此表达人们生活和思想中某种特定的象征或寓意，进而表达人们的理想、祝愿、向往和追求。而中国传统文化中，花卉的文化象征意义更有着相当丰富的内容。中华民族是一个爱美的民族、爱花的民族，尤其钟爱梅花和牡丹，并将梅花和牡丹作为我们民族精神的象征，其代表了中华民族精神力量的优秀品格。

梅花在寒冬依然绽放，象征着中华民族不屈不挠、顽强奋斗、不畏艰难的可贵精神品质。我国古代就多有诗人咏诗颂梅，如"墙角数枝梅，凌寒独自开；遥知不是雪，为有暗香来"。梅花也被认为是最有气节和傲骨的花种，虽然其生长环境恶劣，但依然坚强、快乐地绽放，表现了一种开拓进取、迎接希望的无畏精神与乐观性格。

　　"竞夸天下双无绝，独立人间第一香。"牡丹是我国特有的木本名贵花卉，花大色艳、雍容华贵、富丽端庄、芳香浓郁，而且品种繁多，素有"国色天香"、"花中之王"的美称，长期以来人们既将牡丹作为富贵吉祥、繁荣兴旺的象征，也用其代表劲骨刚心、不畏权贵的高风亮节，同时在中国民众的心目中牡丹也是美的化身、纯洁与爱情的象征，并引发人们诸多联想，派生出了与之相关联的一系列文化象征意义，形成牡丹文化的基本内涵。

　　回望具有五千年文明的中国历史，汉唐是中国历史上最为光辉灿烂的两个朝代，每当想到中国的荣耀与复兴，人们必会提及汉唐，而汉代的主流文化呈现的"求真务实、开拓创新"体现的正是"梅花精神"，唐代的"开放包容"则体现了"牡丹精神"。汉朝建立之初，面临的是一个百废待兴的烂摊子，但它却奇迹般地实现了中华文化的第一次复兴，汉朝的创业史很完整地演绎了组织文化的发展规律，并从根本上思考、设计、再造和创新了其管理流程。唐朝的国家组织在继承隋朝的基础上，以《周礼》为蓝本创建了"三省六部"制度，构建了中央政府的管理职能，并开创了科举制度，弘扬以创造力为特征的"歌手文化"，加上思想、文化和经济的全面开放，成就了无与伦比的大唐盛世。

2014 年春节期间，我拜读了成君忆的《中国历史周期律：朝代更迭中的管理变革》一书，该书运用管理学的研究框架，对中国自炎帝、黄帝至明清两朝的历史进行了全景式分析，梳理得出了中国近五千年历史上各个朝代兴衰存亡的奥秘就存在于：各个国家政权的组织文化之中，构建了"关注内部整合—关注外部动态"、"组织的灵活性—组织的稳定性"两个维度，并相应划分为"强调创造力的歌手文化（强调个人的努力，能够灵活地应对外部的变化）"、"强调凝聚力的部落文化（在乎对组织成员的关心程度，注重灵活的内部管理）"、"强调控制力的官殿文化（在稳定和控制的前提下，强调内部运营系统的维持）"、"强调竞争力的军营文化（在稳定和控制的前提下，强调对外部的竞争）"。从汉唐等朝代的兴衰经验教训看，只有强大、健康的组织文化，才能构建优质的管理制度，进而实现经济社会的蓬勃发展和国泰民安。

审视当代的中国，经过 1978 年中共十一届三中全会以来 30 多年的改革开放，经济总量已上升至全球第二位，硬实力及综合国力得到了显著提升，但是理性、客观地看，我们还没有实现中华文化新的复兴，在国外目前仍然主要依靠"孔子学院"作为文化符号，我国总体上呈现为只有经济硬实力而缺乏现代文化软实力的"土豪"形象。

展望未来的中国，2013 年 11 月闭幕的中共十八届三中全会作出了全面深化改革的决定，并明确提出要"建设社会主义文化强国，增强国家文化软实力"。2014 年将是中国新一轮改革开放的启动之年，我深信《梅花与牡丹——中华文化模式》一书通篇弘扬的"梅花与牡丹精神"，可为构建中国"文化复兴软实力＋经济发展硬实力"相结合的双轮驱动复兴模式提供有益的思想源泉，并对 2049 年中国建国一百周年时实现"中国梦"产生深远影响。

右岸年华，左岸回忆

左岸是我无法忘却的回忆，右岸是我值得紧握的璀璨年华，而中间飞快流淌的，是我年年岁岁淡淡的感伤。

——郭敬明

右岸是我值得紧握的璀璨年华

"那是最美好的时代，那是最糟糕的时代；那是智慧的年头，那是愚昧的年头；那是信仰的时期，那是怀疑的时期；那是光明的季节，那是黑暗的季节；那是希望的春天，那是失望的冬天；我们全都在直奔天堂，我们全都在直奔相反的方向——简而言之，那时跟现在非常相像，某些最喧嚣的权威坚持要用形容词的最高级来形容它。说它好，是最高级的；说它不好，也是最高级的。"

人们总是在一个激动人心的时代终结后才发觉其实质。著名经济学家王庆提出的"王庆悖论"对人类行为有深刻的洞见，人们总是不经意间忽略当下，以为平凡的时代，恰恰相反，可能是一个伟大的时代。所以，当代人会错解当代事。英国工业革命开始六十年后，历史学家才把它定义为工业革命，而英国当代人却对人类社会如此石破天惊的大事件毫无知觉。我们也是如此，对 20 世纪 80 年代的留恋也是在其过去三十多年才开始的事情。不是吗？中国经济三十多年高速增长已经实现之时，我们才发觉那是个"黄金时代"。

能否在一个时代开始时就察觉呢？这需要对重要事件的敏感性和对趋势把握的预知性。如果说中华民族伟大复兴主要包括经济复兴和文化复兴两大方面，在我看来，经济复兴已经进入中后期，文化复兴却是"小荷才露尖尖角"。穿越到 2049 年，莫言 2012 年获得诺贝尔文学奖将被那时的历史学家确定为文化复兴肇始的"标志性事件"。

经济是硬实力，文化是软实力。"软实力"这个概念最早由美国著名战略学者约瑟夫·奈在 20 世纪 80 年代末提出，是指一国的文化、价值观念、社会制度、发展模式的国际影响力与感召力。英国首相丘吉尔曾说："宁可没有印度殖民地，也不能没有莎士比亚。"

作为一名经济工作者，我感觉经济复兴尽管困难重重，但已经有较大把握了。1949 年以来，特别是 1978 年改革开放以来，中国出现了 1000 年以来的首次人均收入增长，而且增长迅速。在 2010 年出版的《重燃中国梦想：中国经济公元 1—2049 年》拙书中，我对中国经济增长前景做了预期，现在看来，还算基本符合：中国的 GDP 总量将在 2029 年超过美国，到 2049 年，也就是新中国成立一百周年的时候，将为美国的 3 倍。在这本书的《序言》中，我被中国发展的硬实力所震撼，随着写作的深入，我对时代发展的整体脉络有了更清晰的认识。从 1949 年到 2009 年的 60 年，在中华五千年文明史上，只是弹指一挥间。但这 60 年，无论从纵向时代定位还是从横向国际比较看，都是一个"经济大变局"的时代，也是"中国梦想"从熄灭到重新点燃的过程。从纵向看，这 60 年与它之前中国漫长的千余年相比，是承继了千年经济辉煌，与自 1840 年鸦片战争以来的百年经济沉沦相比，是翻天覆地的乾坤逆转，而与它之后的一个时代相比又是如此的开天辟地。这 60 年基本上完成了五千年前中国农业革命之后的又一次经济革命，即工业革命，改变了中国从公元 1 年到 1948 年以来的人均 GDP 长期停滞的状态，创造了不可估量的社会财富，并且深远地影响着中国经济今后的发展。从横向看，这 60 年对世界经济也产生深远的影响，其意义远远超出了亚洲的范围。历史上唯一在程度上可与之相比的是 19 世纪美国的经济崛起。中国继五千年前第一次经济革命（农业革命）之后，再次点燃"中国梦想"的经济圣火，取得罕见的经济奇迹，产生的全球性效应还在延续，并将深刻地改变人类未来的经济前途和命运。

硬实力和软实力就如中华民族复兴的两个车轮，两者不管是并排还是一前一后，总得要平衡与匹配才能走得顺、走得稳。2013 年末，习近平总书记指出，提高国家文化软实力，关系"两个一百年"的奋斗目标和中华民族伟大复兴中国梦的实现。而我们今天面对的是另一个版本：软实力未做到同步和平衡发展，跟不上硬实力的发展。硬实力是直线上升，但软实力要走个"U"形曲线，先下降再上升。中国人从默默无闻的观众到舞台中央引人瞩目的角色，给外界的印象是"土豪金"，而不是"高大上"。毕竟，中华民族被地理环境基本上隔绝了一万年，当第一次闯入世界这个"房间"的时候，外界社会的心理是新奇和对"文明活化石"的珍惜，然而在短短的四十年里，中国突然间变成"房间里的大象"，外界可能会保持集体沉默与担忧。"房间"对"大象"需要有个适应过程，而"大象"也需要了解"房间"。这个心理适应期会导致中国软实力不但不随着硬实力上升，而且会暂时下降。美国高盛公司顾问、清华大学教授、因提出"北京共识"而引起国际瞩目的战略分析家乔舒亚·库珀·雷默（Joshua Cooper Ramo）在《中国形象：外国学者眼里的中国》一书中坦率地指出：中国目前最大的"战略威胁"在于"国家形象"的不确定、内外评价的巨大反差。他援引了一些国际知名的调查机构三年间（2004—2006 年）对全球十几个国家的受访者进行调查分析的数据，在人们对中国的评价中，"难以亲近"、"不可信赖"是几乎满分的评价，除"充满活力"一项外，其他诸如"有创新力"、"可靠可信"等许多方面得分都很低，并且在"其他国家如何看中国"和"中国如何看自己"的调查之间存在巨大落差。他认为，中国国家形象的危机、声誉资本的匮乏，不仅增加经济改革、开放、社会稳定诸方面的成本，更不利于营造良好的国际环境。

　　理想很丰满，现实很骨感。中华民族原本在文化领域上是得天独厚的，可惜过去二百年中华民族的硬实力未能做到跟软实力同步和平衡地发展，出现了后期从妄自菲薄到自毁文化的悲剧。而等到硬实力反弹了，又与软实力拉开了距离。应该承认，中华文化的对外魅力要弱很多，软实力回升有个艰辛漫长的过程，必须靠中国硬实力持续稳定地增长，同时需要主动重塑对外形象。

　　站在文化复兴肇始的历史时刻，文化复兴面临双重挑战，不仅有对外的文化彰显和供给，还有对内的文化自觉和自信。中国俗话说："打铁需要自身硬"，"内圣外王"。对中华民族的认同不能停留在情绪上，必须有理性的构建和科学的回答。否则，就会出现"文化空心人"，根基不稳，地动山摇。从宏观层次讲，中国既要有对传统文化的自我认识，又要有与当代时尚文化相结合的文化创新，返古开新，从而构建一个与其历史、现状和未来相适应的文明新形象，敢于为危机四伏的人类社会带来时代精神的曙光。从微观个体层次讲，要真正鉴定自己的文化基因，知道自己的美丽，有底气、不忽悠，做一个美丽的中国人。柏杨先生恨铁不成钢，大声疾呼中国人的丑陋在于不知道自己的丑陋，也深情呼唤着"不仅物质上要极大丰富，文化上也要不断创新发展，让中国获得世界的尊重，让每个中国人都活得有尊严"。中国人刚从文化自卑的挫折中走出来，被从国民性角度痛批得体无完肤，又要走进文化自信的美丽中去，不可不谓"冰火两重天"。

我粗略地查阅了一些历史文献。1958 年唐君毅、牟宗三、徐复观、张君劢四位儒者联名发表《中华文化与世界》宣言，代表了当代新儒家对中华文化反省的一个结论。张岱年、季羡林等七十六名中华文化研究者于 2001 年发表《中华文化复兴宣言》，许嘉璐、季羡林等在 2004 年发表《甲申文化宣言》，这些都是号召中国的有识之士共同为中华文化复兴而奋斗。这三份《宣言》确有深识卓论、石破天惊、激励后人的巨大作用。遗憾的是，三份《宣言》都没有对中华文化是什么做出明确且形象化的概括。

没有有效供给就不能创造有效需求，没有创新就没有有效供给。国学大师张岱年认为，中华文化最核心的精神就是自强不息、厚德载物。他提出，中华文化"综合创新论"超越东西方两极论，应坚持东方文化本体，吸纳西方文化优点。中华文化复兴不是复古，而是在中华传统文化同现代生活结合中创造性地飞跃，并引领人类社会的时代精神。在短期内，中华文化应该是避免被误解。达到目的的唯一办法是与世界加强沟通和交流，防止文化上的理解偏差。在长期内，中华文化应站在人类社会价值的制高点上无私贡献出自己的民族精神，给全球化时代的人类文明带来新鲜血液。自2007 年爆发第二次国际经济危机以来，当代人类社会面临经济复苏缓慢、生产力革命、债务陷阱、人口老龄化和气候变暖等诸多挑战，迫切需要突破困境，重整旗鼓。未来作为可能的最大经济体，中国不光要与其他国家一道做全球经济增长的火车头，还要为人类社会应对困难和危机提供精神食粮。"挽狂澜于既倒，扶大厦之将倾"，舍我其谁？

左岸是我无法忘却的回忆

中华文化基因是充满神秘色彩的密码，往往导致集体无知觉，"众里寻他千百度，蓦然回首，那人却在，灯火阑珊处"。梅花与牡丹历来就在人们心目中占有崇高位置，象征着中国泱泱之历史与几千年沉淀凝聚而成的民族精神。中华民族的很多优秀品格和人文情怀都能在梅花与牡丹上体现，梅花与牡丹能表达中华民族几千年兴衰与繁荣后绵延不断的文化张力。从人类学角度看，我把中华文化模式概括为梅花与牡丹①。梅花与牡丹反映了中华文化独特的

---

① 姚余栋：《梅花与牡丹：中华文化身份初探》，载《金融博览》，2012（6）。

"双重性"，分别代表着自强不息、吃苦耐劳、坚毅勇敢和创新包容、大气庄严、雍容富贵。或许，梅花与牡丹可以是一个普遍认可的对中华文化模式的概括，中国人可接受，外国人能认同。

仅对中华文化模式进行概括总结是远远不够的，还需要理论和事实支撑，我由此对中华文化模式的起源和演变发展进行了探求。中华民族处于文化复兴的前夜，必须对自己一万年的悠久文化做出深刻的重新解读与认识，突破"史障"，追溯到民族精神初创的轴心时代，看清楚文化基因定型时的雄壮英姿。

弗洛伊德曾说，一个人的个性很大程度上取决于他人生的最初几年，也就是他的童年时期。中国也有"三岁看小，七岁看老"的古谚语，这说明童年对今后的生活影响深远。的确如此，要理解中华文化的过去和未来，莫若溯寻它的源头。我不是故意跳过中国五千年的文字历史，贸然闯入无文字的远古时代，而是遵循人类学的共同指向。作为交叉学科的人类学，倡导从文明发生源头入手，探寻文明发生的独特因素，探寻文化基因。

中华文明为什么区别于西方文明和其他文明？这个区别不是今天的区别，而是在文明初创之时产生的，即文化基因融合生成阶段的新石器时代。文化基因一旦形成，就很难改变，毕竟文化基因是一个民族深层次价值观所在。中华民族是怎样形成的？中华文明的基因是什么？它为什么不同于西方文明和其他文明？它又是怎样形成的？让我们一起准备穿越到一万年前的史前洪荒时代，借以确定实现文化繁荣的历史根基和引领时代精神的出发点。

本书的目的，就是努力返古开新，为中华民族提出一个史前史的假说框架，并由此进一步论证"梅花与牡丹"是中华文化模式。正如钱穆在《国史大纲》一书中所说，"今求创建新的古史观，则对近人极端之怀疑论，也应稍加修正"。孙皓晖在《中国文明正源新论》一书中振聋发聩，"在文明继承的意义上，我们必须具有一种立足于整体中国文明史的大器局、大气魄。我们的文明视野，必须高高越过两千余年的文明停滞期，直接与我们的原生文明时代实现精神对接，直接与我们的文明正源实现精神对接。那里有我们的光荣，那里有我们的梦想。"

对没有文字的远古史研究能够从中发现中华文化基因。但遗憾的是，国内外都没有很好地研究这个问题。阿诺德·汤因比在十二卷本的《历史研究》中，对 23 个先进文明进行了深入研究。这 23 个民族中有 22 个是有文字的，

19 个是欧亚大陆民族。但是，他对史前史研究较少，往往一笔带过。美国人类学家和历史学家戴蒙德在《枪炮、病菌与钢铁：人类社会的命运》一书中对史前史的研究是开创性的，突破了人种学偏见，具有重要的意义，构成了本书的人类学理论基础。他认为远古时候各大陆上的人类社会的发展分道扬镳源自气候和地理方面的其他特点，地理禀赋的不同决定了各个大洲发展的不同，其核心论点在于不同民族的历史遵循不同的道路前进，这取决于民族环境尤其是地理环境的差异，而不是民族自身在生物学上的差异。他提出很多关于中华文明起源的猜测，但他对中国的研究还没有足够深入。

当前国内的考古学研究著作，多是以单个或某一区域的考古发现为中心，停留在较为单纯的考古资料的编写上，难以从大历史发展和国际比较的双重角度加以认识。考古学家苏秉琦在《关于重建中国史前史的思考》一文中反思道：考古学的最终任务是复原古代历史的本来面目。除了传说材料，史前时代没有确切的文献记载可供依据，建立史前时代信史的任务自然就落在考古学家的肩上。40 年来，我们忙于日益繁重的田野工作，侧重于进行考古学文化的研究，取得举世瞩目的成绩；但相对来说，重建史前史的任务无暇顾及，甚至在一些考古学家头脑里，重建史前史的观念淡薄了。由于研究机构的分工，旧石器时代考古主要归中国科学院古脊椎动物与古人类研究所承担，隶属中国社会科学院的考古研究所没有专人从事这方面的深入研究。持续多年的结果是，旧石器时代至新石器时代的研究被人为地割裂了，上下不能贯通，以致对中国史前史只能有片断的而非完整的认识。台湾学者在20世纪60年代曾提出重建中国上古史，由于他们受到更多条件的限制而无法实现。在20世纪最后10年，中国迎来了改革开放，祖国走向统一，学术繁荣，理应趁此大好时机把重建中国史前史的任务提上工作日程。

从方法论角度上说，在回答人类文明起源问题上，无论是考古学研究还是历史学研究，都不如人类学更深刻。人类学研究的目的就是以全面的方式理解人的个体。人类如何行动、如何认知自己的行动、行动的结果又如何影响人的思考以及人与其他群体、象征的互动即是人类学最根本想解答的问题。美国人类学家威斯勒认为："人类学是一群由探索人类起源而生的问题的总名。"台湾著名人类学家张光直在《考古人类学随笔》中总结道："这个新学科的特点，是把个别文化放在从时间上、空间上所见的各种文化形态当中来研究，同时这种研究是要基于在个别文化中长期而深入的田野调查来进行的。用这种做法所获得的有关人文社会的新知识，一方面能够深入个性，另一方面又照顾了世界性；一方面尊重文化的相对性，另一方面确认文化的一般性。这种做法、这样的知识，是别的学科所不及的，因而造成人类学在若干社会科学领域内的优越性。"

　　人类学作为一门学科的超级洞察力可以从鲁思·本尼迪克特对日本文化的研究中略见一斑。《菊与刀》的作者鲁思·本尼迪克特从来没有去过日本，《菊与刀》是以人类学研究方法理论推测出来的成果。她通过在当时日本发布的宣传电影、集中营中的日裔美国人和战俘的访谈记录以及日本人的文学作品中收集资料，构建出日本文化以及对日本战后重建的期许。她不但以文化形貌论谈论日本文化的特质，并从孩童教养的角度剖析日本人的生命史，其细腻的描述摆脱了学术上的论战，也因此掀起了读者们的好奇心及之后美国的日本研究风潮。《菊与刀》是第一本整合性的日本人论，对日本人的文化自觉和外国人了解日本文化都起到了积极的推动作用。与《菊与刀》相比，梅花与牡丹的对比不那么泾渭分明，但依然表达了文化张力。

　　人类学认为，现代世界不平等的根源要追溯到史前阶段，这个史前阶段就是文化诞生阶段。许多考古学家和历史学家从商周开始进行断代史研究，没有提出文化起源问题，也没有去认真讨论最广泛的文化模式问题。苏秉琦在《关于重建中国史前史的思考》一文中认为："中国人这种伟大的民族精神、力量，其根脉盖深植于史前文化之中。"从历史学和社会学的角度探讨中华文化已经取得了很多成果，但是站在人类学方法论的角度上探讨中华文化问题的还不多。人类学以"文化"研究为主题，但跟其他同样也是研究文化的诸多学科比起来，其鲜明的特点之一便是重在探讨人类文化的本源，也就是重在从文化的角度回答"人类从何而来"、"人类何以如此"等问题。

从 2009 年写完《重燃中国梦想：中国经济公元 1—2049 年》一书开始，我一直没有放弃思考这个问题。这个问题触及了中华民族时代气质的实质，也是中华文化复兴的关键所在，它的实质是探寻中华文明的起源。但是，这个问题困难重重。德国哲学家雅斯贝尔斯在 1949 年出版的《历史的起源与目标》中说，我们能够向史前投射那种暗淡的光芒，简直冲不破漫长的黑暗。中华民族史前史的初步假说，从时间看，上下数万年，从空间看，要概括 960 万平方公里范围内中华祖先创造的光辉业绩，任务相当繁重，远不是我这个业余爱好者在时间和精力上能够承受的。应该承认，我从来没有去过一个考古点，也没有受过人类学和传统文化的正规训练，仅是一个文化领域的业余爱好者而已。我之所以有勇气跨界逆袭中华民族远古史，就是要在雅斯贝尔斯所称的"史前史黑暗"中发出一只萤火虫的微亮，为中华民族文化复兴聚积一丝光芒。

从何着手呢？文明开始是把金钥匙。文化传统的根系要上溯到新石器时代。在本书中，我依赖人类学的研究方法，通过对中华民族一万多年前新石器时期的重大事件的考察，试图从地理学、经济学、人类学、社会学等跨学科角度解读中华文化模式的起源。因此，我将试图根据经济学的理论，在国际人类学研究成果基础上，结合考古学的发现和中国古老的传说，对中华文明的起源过程及文化气质，进行经济学式的大胆推论。

中间是我年年岁岁淡淡的感伤

历史并不久远。我借助人类学的方法，发挥一个经济学工作者善于观察细微变化的职业特点，从黄河流域"两个平原"的"初始环境"出发，提出中华文化模式起源新说。

　　从人类学视角用经济学的方法推测文化起源问题是非常有意思的。围绕中华文化起源问题的理论研究林林总总。我认为答案存在于公元前 10000 年冰河期结束的年代到有文字的公元前 3000 年，总共跨越了 7000 年历史。10000 年前，气温开始急剧上升，到了 8000 年前已开始达到最高，大陆的气温大约比现在还要偏高 2℃，一直持续到 5000 年前才开始缓慢下降，这 3000 年左右称为历史高温期。在气候变暖的情况下，地理禀赋的不同决定了中华文化与其他各个大洲文化发展的不同。不同民族的历史遵循不同的道路前进，其原因是民族环境尤其是地理环境存在差异。微小的地理环境差别，在短期不算什么，但由于先发优势与网络效应，其长期对文化基因的影响却是巨大的，所谓"差之毫厘，谬以千里"。我认为，新石器时代发生了三件历史事件，即农业革命导致的文明爆炸、炎黄联盟和大禹治水与统一，支持"五帝时代"是中华文明的创始阶段。中华文明创世纪可分为三个阶段。

　　第一阶段：同源变异的文明起源。中华文明产生的原因是大约在 10000 年前，中国大地冰川大量融化，气温回升，在黄河流域某一地方爆发了农业革命，中华先祖开始从狩猎、放牧向农耕过渡，导致黄河农民与中国巨型孤岛的狩猎采集者融合，这表明中华文化的同源。同时，中国巨型孤岛地理环境复杂，进入多元文化发展时代后，文化在同源的基础上又各有不同，发展成数万个定居点，即万邦。梅花与牡丹的解释之一是同源变异的文明起源，不同于当前流行的"一元说"和"多元说"。

第二阶段：炎黄联盟崛起。本来中国巨型孤岛会演变成类似欧洲大陆那样的多个国家，但黄河上游的关中平原条件优越，在人口压力和秦岭物种多样性的刺激下，人们努力创新，成就了"牡丹部落"，即炎帝部落。在黄河中下游恰好有华北平原，由于黄河的泛滥成灾，人们必须艰苦奋斗，于是成就了"梅花部落"，即黄帝部落。两大部落在外界威胁下结成部落联盟，利用经济实力强大和后勤保障充足的优势，打败了蚩尤部落，炎黄部落联盟在万邦中占据压倒性优势。梅花与牡丹的解释之二是梅花部落与牡丹部落的文化结合。国学大师范曾所作的《炎黄赋》中称，"涉彼洪荒，文明肇创；万代千秋蒙麻，厥功在我炎黄"。

第三阶段：黄河水灾和多难兴邦。生态破坏带来黄河严重泛滥，在治水中磨炼了炎黄部落的品质。梁启超说："患难困苦，是磨炼人格之最高学府。"随着人口的增加，黄河中下游生态被大量破坏，黄河泥沙堵塞越来越严重，开始更加频繁地泛滥成灾；炎黄联盟的继承者华夏部落在大禹领导下吃苦耐劳又勇于创新，发明疏导法治水，获得成功。经过治水，该部落纪律严明，文化先进，坚韧不拔，进一步加强了在万邦时代的优势，取得了中国史前时代即夏酋邦时代的统一。梅花与牡丹的解释之三是反复无常的黄河泛滥和相应的治水加强了梅花与牡丹精神。

为什么中华文明能长期延续？中国的生态环境不那么脆弱，可以容纳人口增长带来的严重破坏，而且还有长江流域的腹地可以作为依托。所以，与其他古文明相比，中华文明得以延续至今。曾经屹立在两河流域的巴比伦古城，早已荡然无存。8000 年前的苏美尔文明倾覆于历史长河中，尼罗河畔的金字塔几乎是古埃及文明光荣存在的唯一证据。

为什么中华文明能早熟？"穷人的孩子早当家"。人口增长破坏生态环境，造就"中国的忧伤"，华夏族必须长期与洪水进行艰苦卓绝的斗争，这进一步强化了梅花精神；同时华夏族必须勇敢智慧地与洪水作斗争，发明文字，储备粮食，这进一步强化了牡丹精神。本是同源的"万邦"，在以华夏族为首的酋邦时代，实现了中国巨型孤岛的第一次统一，进一步融合成为中华民族的雏形。人们往往惊讶于商朝的早熟，实际上商朝的文化来自于没有文字的夏。人们往往低估了无文字时代的人类社会的复杂性。尽管还没有能发明文字，夏文化也是复杂精致的。

我与戴蒙德的观点基本一致，甚至极端地认为，如果一万年前，澳大利亚土著的祖先与中国人的祖先互换位置，那么现在澳大利亚土著可能不但占领了中国巨型孤岛，而且中国巨型孤岛不会是若干个国家，而是一个国家，而现在的中国人可能已沦为澳大利亚一些遭受蹂躏的零星分布的人口。如果一万年前，欧洲人的祖先与中国人的祖先互换位置，那么现在中国可能不会是一个国家，可能是若干个国家，而现在的中国人不会因为地理环境阻碍，失去先到达美洲大陆的机会。一言以蔽之，中华大地造就了中华文化，中华文化造就了中华民族！

人类与大地母亲共同创造了人类自身。在第一个大事件上，即农业革命，中国与欧洲是一样幸福的，因为很多民族没有发生农业革命。但中国比欧洲更幸福，因为中国发生了第二件大事，即炎黄联盟。欧洲大陆没有连接在一起的两块"新月沃地"，造就不出一个经济规模和人口都远远超过其他部落的巨型部落联盟，所以很难实现文化统一。

直到一万年后的今天，文化统一仍旧只是一个"欧洲梦"，还要经历欧元的反复动荡。但中国比欧洲又不幸的是这个巨型部落联盟陷入了"中国的忧伤"中，洪水周期性地泛滥成灾，中华民族在婴幼儿时就如此苦难深重，在与饥荒反复搏斗中失去了快乐基因。在与洪水的斗争中，中华民族磨炼出如梅花般坚不可摧的意志和如牡丹般创新包容的胸怀，仿佛一只风险与收益平衡的对冲基金，并以经济实力逐步统一了中国巨型孤岛。

李约瑟就此提出了一个发人深省的问题：近代科学为什么是在西欧而不是在中国产生？或者说第一次工业革命为什么发生在西欧而不是发生在曾经在科技方面领先于世界的中国？这个问题后来被称为"李约瑟难题"。就像罗马帝国灭亡的原因令历史学界痴迷一样，"李约瑟难题"似乎也让各方面的学者着迷。本文提出一个新的假说："塔斯马尼亚岛效应"是人类文化倒退最突出的例子。在塔斯马尼亚岛上，当时 9 个部落 4000 多名靠狩猎采集为生的土著人，与世隔绝地生活了一万年，结果意想不到的是，文化陷入停滞，而且人们的生活缓缓地逐渐退回到了更简单的工具和生活方式当中，这是因为他们缺乏足够的人口数量和开放程度来维持现有技术。中国有漫长的海岸线，可惜没有洋流带来的充足鱼群，发展不了海洋经济。在中国有青藏高原这个不可逾越的屏障，人们难以与外界及时沟通交流，基本上与世隔绝，中国是一个巨型孤岛，于是发生"塔斯马尼亚岛效应"，文化停滞不前。无鱼群的孤岛加上明清时期闭关锁国的失误，对意大利文艺复兴、西班牙地理大发现和英国爆发的工业革命这三件革命性大事件一无所知，缺乏及时和有效应对，导致中华文明近代的悲怆沉沦。

　　作为一个从事货币政策操作及研究的经济学工作者，我把时时刻刻防范金融风险积累的工作习惯带到文化研究中来。货币政策是精巧复杂的，是经济发展的润滑剂、加速剂和刹车闸，这样的神圣工作每时每刻都要防范风险。我感到有必要警示民族精神未来的"断层线"风险。德国作家托马斯·曼的小说讲述了布登勃洛克家族的兴起和衰败：在家族企业中第一代艰苦创业，第二代继续努力，但家族的第三代传人丧失了奋斗精神，最后使企业垮台了。我借助"布登勃洛克效应"（Buddenbrooks Effect），提出"盛世悖论"，来解释大国兴衰的秘密。"盛世悖论"是指为了创造盛世需要梅花精神，但一旦进入盛世，代际间的"布登勃洛克效应"便使产生盛世的梅花精神消失，盛世就可能在新的挑战和困难中消亡。从初唐到开元历时一百多年，多元文化的盛唐牡丹艳丽无比，但从唐明皇到普通百姓已经丧失了初唐的坚毅精神，导致公元755年"安史之乱"在一年之内使大唐盛世戛然而止，把中国五千年文字历史拦腰斩断。盛世本身的成功，反而使盛世变得难以持久，这看起来似乎让人难以置信，但这或是人类历史上大国兴衰的真正原因。

正如一开始指出的，我并非人类学者，也非考古工作者，我只是热爱中华文化并对其深感兴趣的经济学工作者和一个业余的文化爱好者而已。我提出中华文明起源等一系列新假说，力图重构史前史，在很大程度上是发挥我在经济学上的一点儿优势。在艰辛探索中，我突然悟出一个道理，经济学的最高境界是人类行为学。虽然我的假说可能没有充分的考古实物的支持，但作为一个学说，首先进行合乎逻辑的假设推理并得到结论，也是研究的重要一步。

"为什么我的眼里常含泪水，因为我对这片土地爱得深沉！"我希望读者拿到的是一本探讨在中华大地上的原始人类何以成为中国人的书，也是一本使外国朋友不必费太多心血来破解中华文化密码并能准确预期中国人集体行为的书。我希望有幸带领读者对人类自然史进行一次风驰电掣的穿越，直到一万年前——人类共同的孩提时期。我们能够一起重新回到中华民族孩提时没有忧伤的幸福时光，也品尝本不该属于它童年的艰难困苦，更分享它终于破茧成蝶的光辉灿烂。我期待考古学家和人类学家对我提出的假说进行验证。我愿意虚心接受考古学家、人类学家和文化学家的严厉批评。书中不免存在不足之处，也恳请各位读者批评指正。

由于拙著主要是理论论证，"不接地气"。有好友建议我仿照林语堂，再写一本《吾国与吾民》，表达中华文化的生活细节，可我"黔驴技穷"，心有余而力不足。为了不留遗憾，我邀请几位好友以为我做跋的形式，从衣、住、词及文化感受等角度写出《吾国与吾民》作为代跋。通过这特殊的"代跋"，我看到了他们的才华，更相信文化复兴不再是痴人说梦了。她向我们姗姗走来！

第一章

梅花与牡丹：中华文化身份

中国人心比海宽，但眼里不容沙子。

——习近平

中华文化的唤醒

我们之所以丑陋，就在于我们不知道自己的美丽。文化对一个民族发展的重要性不言而喻。一个民族可以暂时经济落后，但不能没有文化和历史的记忆，如果失去了文化之根，也就失去了存在的价值。《周易》有言："刚柔交错，天文也；文明以止，人文也。观乎天文，以察时变；观乎人文，以化成天下。"中华民族，是世界上最古老的民族之一，有着一百多万年的生存历史、一万年的文明历史、五千年的有文字历史。重视文化的力量在中国已有几千年的历史了。文化是中华民族永不褪色的名片、永不贬值的"硬通货"。林语堂强调文化在中华民族的整体性作用，"所谓'中国人民'，在吾人心中，不过为一笼统的抽象观念。撇开文化的统一性不讲——文化是把中国人民团结为一个民族整体之基本要素"。著名书画大师、国学大师范曾2006年为中华民族人文初祖炎黄二帝坛所作的《炎黄赋》中称，"天不欲亡我中华，必不亡中华之文化。中华文化，有源以之开流；神州百族，有秩以之共理"。

中华民族是一个有文化气质的民族。对这种气质的把握往往是可遇而不可求的。一首诗词可以感动一个民族。公元675年，王勃远行交趾去探望老父，路过南昌，在滕王阁上，王勃写下"落霞与孤鹜齐飞，秋水共长天一色"的千古佳句。次年，王勃从南海乘船返回时，不幸遇风浪被淹死，时年只有26岁。后世只知《滕王阁序》文采的不朽，不知王勃有数百首佳作。乾隆皇帝在位60年，总计写下了43000多首诗，平均每天写近2首，其诗词创作的总量已接近整部《全唐诗》，这表明乾隆皇帝精力充沛且勤奋过人。但很不幸运，乾隆皇帝写那么多诗，一句也没有流传下来，不如清初诗人纳兰性德"人生若只如初见，何事秋风悲画扇"一句动人心弦。早知万诗无佳句，乾隆皇帝应花更多工夫研究海洋。

新中国成立以来，特别是改革开放以来，中国现代化建设的进程不断加快，人均收入从贫穷跨越式迈向中等收入水平。1978年，中国人均国民收入仅为190美元。经过多年的努力，中国摆脱了极端的物质匮乏，人均国民收入2013年已接近7000美元。继狩猎采集的"原始丰裕社会"

消失后①，"丰裕社会"一万年之后在中华大地上以近 14 亿人口规模壮观回归！经济和物质的发展伴随着文化的发展。塞缪尔·亨廷顿在其名著《文明的冲突》中写道，"汤米·高大使 1993 年注意到，'文化复兴正席卷'亚洲。它包括'自信心日益增长'，这意味着亚洲人'不再把西方或美国的一切看作必然是最好的'。这一复兴表现在亚洲国家日益强调各国独特的文化认同和使亚洲文化区别于西方文化的共性。这种文化复兴的意义体现在东亚两个主要国家与西方文化相互作用的变化上"。中国已经逼近刘易斯拐点，经济结构调整加速，消费正在逐步提高，大众文化消费崛起趋势不可阻挡。同时，服务业也将会大大发展。在服务业中，文化创意是重要的组成部分之一。大众文化消费崛起和文化产业发展面临一个相得益彰、互增光彩的机遇。

文化唤醒在"地球村"里有自知之明。毋庸置疑，中国人需要重建文化自信，也需要有世界的眼光，既不可闭门造车，也不能有邯郸学步式的盲目模仿。

---

① 1958 年，美国经济学家、新制度学派的主要代表人物加尔布雷思先生出版了著名的著作《丰裕社会》。

中华文化的"阐释焦虑"

中华文化面临着新的挑战，其中最迫切的问题之一应该是"阐释的焦虑"，它是指如何精准阐述中华文化内涵和立场，然后顺利流畅且平和地完成"国际表达"。

美国人常常说，美国没有昨天，只有今天和明天。中国不光有今天，还有昨天和明天。所以，要了解中国比了解美国难得多，因为还要了解中国深厚历史的昨天、稍纵即逝的今天和需要丰富想象力的明天。

中华历史文化著述浩瀚深邃，常常陷入"中国人看不懂，外国人不明白"的表达性"内外交困"。王岳川在《中华文化的战略远景展望》一文中说，"在近现代中国，现代身份的'重新书写'首先遭遇到一种'阐释的焦虑'，即东方文化在现代化或所谓西化的进程中，成为西方文化凝视（gaze）中的次等文化。在西方虚构出的东方形象中，中华文化被屡屡误读和误解。因此，在对自我身份的阐释和对当今世界文化的阐释的'双重焦虑'中，难以正确书写自我身份。同时，中华文化的'自我镜像'聚焦颇为模糊。如何清晰地看待自己，既消除狂妄的'赶超'心理，又避免文化的'自卑'情结，成为清除自我文化镜像焦虑的关键。只有破除这种阐释的焦虑，使自己获得正确的阐释角度、健康的阐释心理，以及对对象（西方）和自我（东方）的正确定位，才可能真正进入'确认身份'时期"。

每个人在文化层面上都面临着"我是谁"、"我从哪里来"、"我要到哪里去"的人文拷问和纠结。中华民族共同创造的中华文化，至今仍是全体中国人和海外华人的精神家园、情感纽带和身份认同。但我们是否明确地理解并阐述我们自身深厚的文化？如果不能清楚地回答这些问题，就会始终停留在世界文化互动中话语权孱弱的状态，更谈不上主动引领人类社会的时代精神。

只有增强中华文化身份的渗透力和共鸣性，才能够真正做到文化的自觉和自信乃至自强。中华文化博大精深，源远流长，需要简洁但有渗透力的代表。在解决"阐释的焦虑"时，应避免盲人摸象的片面性和"只见树木，不见森林"的碎片化解释，需要对文化身份的聚焦性精准定义，从而有个"一言以蔽之"的简单且准确的轮廓。我国国花的缺失是文化"阐释的焦虑"的一个典型例子。世界上已有100多个国家确立了自己的国花，中国是唯一尚未确立国花的大国。在我国国花评选中，牡丹、梅花胜过群芳，拥有前两名的呼声。但在梅花和牡丹的"两选一"上僵持不下。国花的空缺成为许多重大仪式和庆典的遗憾。"只在此山中，云深不知处"。国花选择的尴尬说明我们也不一定了解自己的文化内涵，或者了解了也说不清楚，甚至是处于集体文化无知觉状态。

过去对中国人的个体文化身份以自我否定居多。"丑陋的中国人"是近几十年来国内媒体和舆论经常使用的一个概念，这个概念的使用频率很高，与之相关的便是"国民劣根性"等批判，从亚瑟·亨·史密斯的《中国人的性格》到鲁迅的《阿Q正传》、柏杨的《丑陋的中国人》，再到龙应台的《中国人你为什么不生气》等。事实上，这种贬低中国人的做法，一直延伸到连同文化传统都被彻底否定。"丑陋的中国人"的预期可以成为"自我实现"的恶性循环，"美丽的中国人"的预期也可以成为"自我实现"的良性循环。中国在人均年收入100美元的阶段停滞不前了几千年，长期处于物质极度匮乏的状况下，此时的"国民性"中的一些行为，是人类为了生存普遍会作出的经济行为，与中华文化不存在必然关系。

近年来，有学者提出中华民族是"蛇的传人"。"盘古开天地"的神话故事可谓家喻户晓。据明代董斯张《广博物志》中引三国吴人徐整著的《五运历年纪》的说法，"盘古之君，龙头蛇身"。南通市委党校教授、图书馆馆长黄杨翻阅古代中国有关"羊"的文献资料，发现它被赋予了丰富、深刻的文化内涵，在语言文字上也打下了深深的烙印，成为义、善、美、吉祥和榜样的象征，他提出中华民族更应是"羊的传人"。

在中华民族面临文化复兴的肇始时期，找准文化身份，并与世界文化平等对话，就变得十分重要与迫切。中华文化身份的定位需要大众化，需要更加贴近生活，要讲好故事。很多功底深厚的文化大师描写的中华文化很深奥，一般人不大容易看懂。

"阐释的焦虑"还有一个国际表达问题，即国际性的文化身份认同。进入 21 世纪，世界有 200 多个国家和地区、几千个民族。在国际性表达上不能漠视宗教与文化的相关性，不能当鸵鸟，选择性忽视。根据《不列颠百科全书》的预测，到 2050 年，世界各派基督教总人口将从 1990 年的 17.47 亿人上升到 30.52 亿人，伊斯兰教徒将从 1990 年的 9.62 亿人上升到 22.29 亿人，印度教徒将从 1990 年的 6.86 亿人上升到 11.75 亿人，佛教徒将从 1990 年的 3.23 亿人上升到 4.25 亿人，犹太教徒将从 1990 年的 1320 万人上升到 1670 万人。从人类历史长河看，各个宗教之间和平共处、相互理解包容是主流，而包容开放恰恰是中华文化独一无二的优势所在。

虽然"饺子与功夫"被视作中华文化的典型之一，但显然饮食与武术的深度和穿透力有限，无法准确代表中华文化的内涵。随着中国对外投资迅速提高，海外并购的案例越来越多，跨文化的沟通和交流就越来越重要。中国迫切需要"对外文化投资"，以增强文化的国际影响力。

一般来说，没有在中国生活足够长时间，外国人很难懂中华文化。一百多年前，美国传教士亚瑟·亨·史密斯在《中国人的性格》一书的《导言》中表达了对中华文化的困惑，直至今天，这依然有一定的代表性。他写道："无论我们从哪个方面去看中国人，我们都会发现，中国人是而且肯定一直是一个谜。在过去的 30 年中，中国人已经使自己成为国际事务中的一个重要的角色，被看作是压服不了的、具有神秘的韧性。的确，除了在中国，任何其他国家的人都不可能真正了解中国人。在不少人的印象中，中国人是根本无法理解的矛盾体。"直至今天，外国人对中华文化的印象要么感觉太复杂，要么还停留在形象化的代表

"饺子和功夫"上。

时代呼唤对中华文化身份的凝练性定义。例如，在2012年"两会"上，全国人大代表、富润控股集团董事局主席赵林中建议，在全国开展提炼和评选中国精神的活动。全国人大代表、泰州中学校长蒋建华也建议征集评选"中国精神"，进而以"中国精神"助推中国发展。两位代表呼吁尽快填补"中国精神"的缺失，期盼"中国精神"的诞生。

可见，中华文化的"中国立场，国际表达"的重要性越来越大。可以说，对这个中华文化身份"阐释的焦虑"的解答，是关乎中华文化发展前景的历史性回答。但这个回答并不容易。在"中国立场"上，应简单准确，而且在传统和现代中寻求平衡；在"国际表达"上，中华文化身份要有跨文化的国际眼光，在中国和平发展中塑造"中华文化形象"，让中华文化在全球互动与合作中赢得主动性。同时，中华文化身份还要注意保持低调谦和。中国经济在全球的影响力越来越大，今天获得的影响和今后的发展趋势是在当时和今天都难以想象的。如果中华文化身份过分高调和强势，必然会给中国经济未来发展带来不必要并且巨大的阻力。

中华文化的双重性

传统哲学观认为一个文化模式不能同时是它自己的对立面，没有双重性。例如，在经典力学中，研究对象总是被明确区分为两类，即波和粒子。19 世纪的机械物理学认为，要么具有波的特征，要么有粒子的特征，这两种特征在一种物质上不能同时存在。但是，传统世界观是片面的，在自然科学里我们发现了惊人的意外。1905 年，爱因斯坦提出了光电效应的光量子解释，人们开始意识到光同时具有波和粒子的双重性质。波粒二象性（Wave－Particle Duality）是指某物质既具有波的特征又具有粒子的特征。波粒二象性是量子力学中的一个重要概念，是一种客观的世界观，是 20 世纪世界观的一个重大飞跃。文化模式可能有"波粒二象性"，即特征是相反的和矛盾的现象可能同时出现。例如，美国学者鲁思·本尼迪克特运用人类学早期研究方法，把日本文化模式归纳为"菊与刀"。甜美的"菊"是日本皇室家徽，凶狠的"刀"是武士道文化的象征。本尼迪克特用"菊"与"刀"来揭示日本人的矛盾性格，即日本文化的双重性，爱美而黩武、尚礼且好斗、喜新而顽固、服从又不驯等。

中华文化具有非常明显的双重性。这些文化模式体现在中国人表面上相互矛盾的行为方式上。比如，中国人一方面沉稳坚毅，另一方面热情洋溢；一方面勤俭节约，另一方面时尚现代；一方面铮铮傲骨，另一方面雍容华贵；一方面注重长远，另一方面敢于创新；一方面有高度的集体主义精神，另一方面也有张扬的个性……

关于中华文化的双重性，有着很多著名的论述。著名思想家梁漱溟指出，"二千多年间，中国人养成一种社会风尚，或民族精神，除最近数十年浸浸渐灭，今已不易得见外，过去中国人的生存，及其民族生命之开拓，胥赖于此。这种精神，分析言之，约有两点：一为向上之心强，一为相与之情厚"。林语堂揭示了这种表面矛盾性，"中国精神的最锐敏最精细的感性，是隐藏于那些不甚引人爱悦的表面后面"。毛泽东在《中国革命和中国共产党》一文中写道："中华民族不但以刻苦耐劳著称于世，同时又是酷爱自由、富于革命传统的民族。""中国人的呆板无情的容貌底下，隐蓄着一种热烈的深情；沉郁规矩的仪态背后，含存有活泼豪爽的内心。"中华民族的这些思想、情感与行动充满着不可理喻的矛盾。我按照本尼迪克特的定义，把它编入一个前后逻辑一贯的行为方式中，这种行为方式的基础也就是"文化的模式"。

在历史上，中国产生了很多著名的诗人、文学家，他们身上也能够体现中华文化的双重性。这里，我们仅以屈原为例。屈原的人格始终散发着强烈而恒久的魅力。千百年来，人们通过"端午节"吃粽子、划龙舟等活动，来纪念这位伟大诗人。一方面，屈原充满想象力和浪漫主义精神。屈原的《离骚》是我国文学史上的抒情长诗，以神话的方式描述了一系列幻境。"朝饮木兰之坠露兮，夕餐秋菊之落英"。"驾八龙之婉婉兮，载云旗之委蛇"。全诗将神话、想象、历史和自然糅合在一起，以香草、美人等一个接一个的比喻寄托诗人感情，想象力惊人，场面扑朔迷离，构成了一幅奇伟绚丽的浪漫画卷。另一方面，屈原具有坚韧不拔的毅力和坚贞不屈的爱国主义精神。"亦余心之所善兮，虽九死其犹未悔"表现了诗人的坚如磐石的价值取向。诗人的名句"路漫漫其修远兮，吾将上下而求索"是其执著精神的生动写照。既浪漫又坚贞，看似矛盾的和不可能同时存在的两个特征，在屈原身上得到了完美的统一。

中华文化的双重性在文化维度上可以找到科学依据。文化维度是荷兰国际文化合作研究所所长霍夫斯塔德及其同事在对文化因素进行定量研究时采用的概念，是当今最具有影响力的理论，是实际调查的产物。1980 年，霍夫斯塔德在调查 66 个国家的 117000 位 IBM 员工的工作价值的基础上，发展出五个文化维度：（1）个体主义与集体主义（着眼于个体还是集体的利益）；（2）权利距离（人们对于社会或组织中权利分配不平等的接受程度）；（3）不确定性回避（对事物不确定性的容忍程度）；（4）事业成功与生活质量（追求物质还是强调人际和谐）；（5）长远导向与短期导向（着眼于现在还是放眼于未来）。

这一观点发表于《文化与组织》一书中。根据霍夫斯塔德的测量结果，在（2）和（4）维度上，中国人的文化维度倾向与其他国家的人相比不特别突出。但在（1）、（3）、（5）维度上，中国人具有鲜明特点。中国人在不确定性回避上，与美国人一样弱，这表明中国人敢于冒险和创新，富有企业家精神；在集体主义和长远导向上，中国人像日本人一样，关注集体和未来，重视节俭和毅力。中国人在文化维度上既不靠近美国人，也不靠近日本人，而是美国人和日本人的"混合体"。从文化角度预期中国人的集体经济行为，中华民族会保持较高储蓄率，同时敢于创业、创新。最近以来风起云涌的"中国大妈"就是很好的例子。"中国大妈"一方面节俭持家，另一方面勇于在波涛汹涌的国际黄金市场上搏击。这看似矛盾的两种行为，在"中国大妈"身上水乳交融。

中华文化的身份表达

具有中华文化积淀的中华民族的最深沉精神追求在哪里？这必须从中华文化源头中去找寻。中国文字是象形文字，这说明中华民族具有丰富的想象力，应该有对中华文化"象形"的概括；反过来说，只有形象化的文化代表，才能更符合中国人的思维能力表达习惯。

从花的角度，可以解读一部中华文化史。中国"花"文化情结浓厚。我们欣赏花，不仅欣赏花的姿容，更欣赏花中所蕴含着的精神寓意和境界。同时，中国"花"文化更加平民化，更接近百姓生活，与大众文化消费相适应。而且，中国经济总量越来越大，其影响已经超出区域性范畴，更加带有全球性的意义。在历史和经济双重背景下，"花"文化更加平和低调，不失魅力，可以"随风潜入夜，润物细无声"，同时，又避免了与以动物为主要图腾或禁忌的其他文化的冲突，便于跨文化的沟通和接受。

我们对文化身份的认知应该可以有时代印记，但需要有独立性，肯定要高于特定历史阶段的表达，首先要传递整个中华民族的共同价值观，只有具有与世界对话的普遍意义上的价值，才能够被其他文化认同和接受。

因此，作为一个对中华文化痴迷但不是文化专业的经济学工作者，我斗胆班门弄斧，把中华文化身份尝试性地用"花"文化来表达，并概括为"梅花与牡丹"。

中国"花"文化在选择上具有惊人的一致性，这难道是偶然巧合？20世纪80年代初，曾经有评选国花的工作。在对国花的讨论中，兰花、菊花、荷花等也都曾被广泛讨论，但最后都集中在梅花和牡丹上。早在1982年，北京林业大学园林学院教授、花卉专家陈俊愉院士，就首次发表文章倡议以梅花作为中国的国花。1988年，他又主动提出以梅花、牡丹作为中国的双国花。2005年7月22日，当时62名中国科学院、中国工程院院士联合倡议，呼吁尽快确定中国的国花，并提出将梅花、牡丹确定为"双国花"的建议。这个消息当时在网上引起强烈反响。在随后搜狐网发起的网上调查中，有7084人发表了意见。在"你中意的国花"调查中，牡丹和梅花的支持率分别高达41.4%和36.4%。尽管"双国花"的建议还没有被接受，但国人在梅花与牡丹上的文化偏好已经很明确，不会有第三种选择了。换句话说，中国人喜欢梅花与牡丹的原因就是我们文化身份可以用梅花与牡丹进行很好的表达。

梅花与牡丹给我们提供了重新审视自我的切入点。梅花与牡丹的称谓与其说是花的名称，不如说是中华文化的符号。牡丹千姿百态，是个体化、多样化的代表。相对于牡丹的欣赏口味，欣赏梅花更多的是一致性的审美体验。梅花自强不息、坚毅勇敢，牡丹则意味着大气庄严、雍容富贵。梅花与牡丹，既是中华文化抽象性的代表，也是形象化的代表。可以说，"梅花精神"早已成为中华民族凝聚力的重要源泉，而"牡丹精神"早已成为中华民族创造力的重要源泉。梅花与牡丹构成了中华民族精神"一枚硬币的两面"。

贯穿中华民族文明历史的，是在苦难中坚强不屈、在辉煌中光荣绽放的"梅花与牡丹"精神。梅花有着中华民族所具有的坚韧不拔、高洁傲岸的品质。无论是白天和黑夜，梅花都是在凛冽的寒风和冰雪中顽强地挺立着。在经历了严寒考验之后，我们才能够看到梅花的盛开。毛泽东高度赞扬梅花："风雨送春归，飞雪迎春到。已是悬崖百丈冰，犹有花枝俏。俏也不争春，只把春来报。待到山花烂漫时，她在丛中笑。"梅花象征着坚韧不拔、不屈不挠、奋勇当先、自强不息的精神品质。牡丹在魏晋南北朝时期就已开始栽培。在唐代，素有国色天香之称的牡丹契合了盛唐的社会心理，被誉为"万花之王"。"唯有牡丹真国色，花开时节动京城"，"三条九陌花时节，万户千车看牡丹"，从这些诗句中，仿佛还可依稀看到唐人对牡丹的狂热。

从盘古开天辟地、女娲炼石补天的神话里，从后羿射日和夸父逐日的传说里，可以窥见中华民族坚如磐石的意志和丰富的想象力。夸父与太阳赛跑，大概是世界上最可歌可泣的比赛了。《山海经·海外北经》说："夸父与日逐步，入日。渴欲得饮，饮于河渭，河渭不足，北饮大泽。未至，道渴而死。弃其杖，化为邓林"。晋代陶渊明欣然写下了"夸父诞宏志，乃与日竞走。俱至虞渊下，似若无胜负。神力既殊妙，倾河焉足有？余迹寄邓林，功竟在身后"。文学大师巴金在《日》中赞叹夸父，"我怀念上古的夸父，他追赶日影，渴死在山谷。为了追求光和热，人宁愿舍弃自己的生命。生命是可爱的。但寒冷的、寂寞的生，却不如轰轰烈烈的死"。

中华文化基因秘而不宣，需要从民间故事中细心感悟。广为流传的白蛇凄美爱情故事反映出的中国人价值观及民族深层心理，是细心品读文化密码的重要途径之一。据说，一条白蛇和一条青蛇在深山中修炼了一千年，能变人形，化为主婢，取名白素贞和小青，来到了繁华锦绣的西子湖畔，寻找人间的自由幸福生活。在清明时节，杭州城里一个药铺伙计许仙去灵隐附近上坟。归途风狂雨骤，难以步行，只得在断桥雇船回家。白素贞相中了许仙，在桥边要求搭许仙的船回家，许仙慨然允诺。在涌金门上岸时，雨不停，许仙将伞借给了她们主婢俩，自己淋雨回城。第二天，许仙如约前来白素贞家取伞，一见钟情，互相爱慕。终于由小青说合，两人当晚成婚。婚后，白素贞和许仙开了一家药店，施舍药物，为人看病，很受当地人欢迎，生活美满。可惜，金山寺和尚法海对这桩姻缘看不惯。法海对许仙讲白素贞乃蛇妖，许仙将信将疑。后来许仙按法海的办法在端午节让白素贞喝下带有雄黄的酒，白素贞不得不显出原形，将许仙吓死。白素贞醒来，后悔莫及。她不顾千难万险，上蓬莱仙岛盗取仙草救治许仙，并与守护仙草的天兵拼打。天兵为白素贞救夫的义举感动，为她网开一面。法海将许仙骗至金山寺并软禁。白素贞前去索夫，百般哀求无效，反遭辱骂。她和小青无可奈何，于是就发动了虾兵蟹将，将长江水倒流，水漫金山，却因此伤害了其他生灵。白素贞因为触犯天条，在生下孩子后被法海收入钵内，压于杭州雷峰塔下。后来白素贞的儿子长大到塔前祭母，将母亲救出，全家团聚。西方文化中更多的是王子公主的爱情故事，还有吸血鬼文化，人妖界限分明。白蛇传说显示出中国人有坚持恋爱自由、爱情至上的"梅花精神"，与其他国家文化，甚至与罗密欧和朱丽叶对抗家族反对的爱情故事相比，中国人有敢于突破"天条"和人蛇界限的、无比包容的"牡丹精神"。

中华文化是有厚重的历史积淀的，需要一个大历史观来拨开重重迷雾。绵延一万年的中华文化，其生命力如此强大，充分说明了"梅花精神"。考古学证据表明，新石器革命于距今一万至七千年间在世界上六个地区独立发生。中华文化应该产生于新石器时代早期，距今有一万年历史，而不是通常认为的五千年历史，是当今世界上唯一未曾中断的文化形态。在商代以前，汉字还没有被发明，所以没有文字记载。但这不意味着没有中华文化。新石器时代早期，一个黄河部落首先点燃了农业革命的熊熊大火，经济革命造就了文明裂变，这个文明的火种撒播在中国大地上，造就"万邦时代"。新石器时代中期，炎帝族和黄帝族的逐渐融合，创建了炎黄部落。炎黄部落在黄河中游崛起，经济规模和人口规模迅速增长。在新石器时代后期，形成了中国各个部落的大统一，诞生了早期类国家形态，在与黄河洪水泛滥进行的多次艰苦卓绝斗争中，留下了大禹治水的英雄传说。商代时中华文化就已经发展成亚洲诸文化形态中最辉煌的文明形态，而世界上其他文明的地基则出现了深刻的裂缝。美国考古学家顾立雅发现，"中国文化发展的连续性是独特的，其最显著特点是不曾中断的发展能力。这一特征似乎可以追溯到商代以前华北地区新石器文化中"。斯塔夫理阿诺斯在《全球通史》中感叹道，"与印度文明的不统一和间断相比，中华文明的特点是统一和连续。中国的发展情况与印度在雅利安人、穆斯林、英国人到来之后所发生的情况不同，没有明显的突然停顿。当然，曾有许多游牧部族侵入中国，甚至还取某些王朝而代之；但是，不是中国人被迫接受入侵者的语言、习俗或畜牧经济，相反，是入侵者自己总是被迅速、完全地中国化"。在世界最初的几大文明中，只有中华文明在历史的消长起伏中，以其薪火相传的绵长文化传统，成为整个世界文明史中仅存的硕果。鲁迅曾精辟地用梅花作过一个比喻："中国真同梅树一样，看它衰老腐朽到不成一个样子，一忽儿挺生一两条新梢，又恢复到繁花密缀，绿叶葱茏的景象了。"

绵延一万年的中华文化，随着外界沧海桑田般的环境变化和冲击，历久弥新、与时俱进、创新包容，充分说明了"牡丹精神"。《诗经》中有云"周虽旧邦，其命维新"。中华文化的创新求变精神，是从远古时期就开始有的，从商代文字的发明、到周礼的繁盛，到宋明儒家的出现，再到近代"中华民族"概念在应对民族前所未有的生存危机中的横空出世，以及新中国社会主义文化的建立和发展，演绎出了一个个文化不断创新发展的动人故事。例如，1840年鸦片战争以来，中国命途多舛，这种突如其来的外部冲击导致了强烈的自我意识和文化觉醒。"九·一八"事变后，在中华民族最危险的时候，"炎黄子孙"等文化概念如井喷般涌现出来，不计其数地见诸于民族危亡时刻的书刊报纸，成为广泛使用的流行词语，成为号召与激励海内外华人共同抗战的一面旗帜，成为一个重大的文化创新，成就了"牡丹精神"。

梅花与牡丹缺一不可。只选择牡丹，不能真正代表中华民族命运多舛而又多难兴邦的历史；只选梅花，凸显了坚韧不拔的精神，却欠缺了中华民族曾几何时的雍容大气和对未来美好生活的强烈渴望。中华文华是对冲文化，能追求长期收益又能控制风险。如果说梅花做多，牡丹则做空；如果说牡丹做多，梅花则做空。唯有梅花与牡丹兼顾，才能在传统与现代中寻求平衡，才是传统文化精神的现代创新，才可体现中华民族的魂魄和人类社会未来可能的时代精神。

中国立场，国际表达

随着中国经济的发展，中华文化复兴的大趋势为"中国立场，国际表达"创造了难得的历史性机遇。可遗憾的是，在全球化时代，中华文化还缺乏有渗透力的形象化代表和国际化表达，陷入"阐释的焦虑"。毫无疑问，中国有条件、有能力为世界提供一个具有影响力和亲和力，且低调的文化身份识别。这关键在于文化创新。

中华文化绵延万年而不衰，苦难辉煌、古老年轻、统一多元、稳健张扬、传承创新，既是威武厚重的"老古董"，也是嘤嘤啼哭的"新生儿"，既如此古老又如此年轻，既高度统一又海纳百川。一言以蔽之，就是中华民族有"梅花与牡丹"精神。

中国发展与世界发展是不可分的。中国的和平发展，协和万邦，需要跨文化的对话和沟通，需要进一步增强文化国际影响力。"梅花与牡丹"为理解中华文化提供了一个确切而显现的身份代表，可以成为国际上了解中华文化的一个切入点。"梅花与牡丹"是中华文化身份的诠释与表达，可以张扬民族个性和民族魅力，为人类社会注入时代精神。

然而，自我陶醉于文化身份本身也会失去文化身份。敢于清醒面对中国传统文化的严重缺陷也是文化自觉的表现。中华文化的一大遗憾就是缺乏严密的逻辑思维，其直接后果是精于技术但很难发明科学。中华文化虽然不能孕育科学体系，但在教育中加强数学和逻辑思维训练，能兼容数学与科学，这个曾在百年之前被人们深深忧虑的问题，现在已经峰回路转、否极泰来。中华民族将会以天生的创造力和后天学习而来的思辨力，在不久的将来展现"科学大国"的卓越风姿。

第二章

无鱼群的巨型孤岛

中华民族是世界上最古老的民族之一，有着一百多万年的生存历史、一万年的文化历史、五千年的文字历史，是人类社会硕果仅存的"文明活化石"。若站在万米高空看中华大地，会发现中华民族的生存空间是位于亚洲东部，介于波涛汹涌的太平洋和高耸云端的帕米尔高原之间的一个"巨型孤岛"：中国是一个大陆岛，三面环山，一面靠海，形成一个自然封闭的地理环境，东、南、西、北各个方向都存在古人无法克服的地理障碍。有漫长的海岸线，可惜海岸线附近没有充足的鱼群，发展不出海洋经济。

观察到中国海岸线没有鱼群的触发点是我对闯关东的思考。我的祖辈原来在山东，后来闯关东到了辽宁。闯关东是悲壮的。日本人小越平隆 1899 年在《满洲旅行记》中记载了当年真实的历史画面："由奉天入兴京，道上见夫拥独轮车者，妇女坐其上，有小儿哭者眠者，夫从后推，弟自前挽，老媪拄杖，少女相依，踉跄道上，丈夫骂其少妇，老母唤其子女。队队总进通化、怀仁、海龙城、朝阳镇，前后相望也。由奉天至吉林之日，旅途所共寝者皆山东移民……"这种场景在电影《一九四二》中悲壮地展现过。我奶奶告诉我，祖辈是从山东出发，靠一个扁担挑着两个小孩子，地上走着一个大孩子，一路逃荒到辽宁的。为什么山东农民不去利用海洋优势捕鱼谋生而要冒死闯关东呢？我突然间想到，山东特别是胶东半岛土地有限，在人口暴涨的情况下，零星捕鱼的边际产出一定养活不了剩余人口。而海洋国家能承受人口增长压力，一定是有大量鱼群。当然，有鱼群的地方不一定成为海洋国家，必须首先在新石器时代发生过农业革命。美洲大陆因为没有发生农业革命，所以没有文明的能力利用鱼群，而最幸运的是欧洲大陆，既能发生农业革命，又有鱼群。

中国独特的地理环境已然决定了中华文化基因有别于其他文化。钱穆先生在《中国文化史导论》中提到："中华文化，开始便在一个复杂而广大的地面上展开。有复杂的大水系，到处有堪作农耕凭借的灌溉区域，诸区域相互间都可隔离独立，使在这一个区域里面的居民，一面密集到理想适合的浓度，再一面又得到四围的天然屏障而满足其安全要求。如此则极适合于古代社会文化之酝酿与成长。"也就是说，"巨型孤岛"有助于产生一个大一统的文化形态，并且具有天然抵御外来侵略的能力，因而中华文明方能源远流长，成就唯一的人类文明活化石，在漫长的历史条件下保持了自己的相对独立性。

亨利·基辛格在《论中国》中说，"中国作为一个独一无二的文明有 5000 年的历史，作为一个统一的国家存在了 2000 多年。它能做到这一点，并不是靠对近乎猖獗的外族入侵逆来顺受。在这数千年的历史长河中，征服者要么被迫接受中华文化，要么逐渐淹没在被征服者的海洋中，而中国人的耐心遮掩了他们务实的特点"。基辛格或多或少有些恭维的意思，没有考虑到中国人诞生在一个"巨型孤岛"上，"巨型孤岛"的好处是免予受到冲击，坏处是信息严重闭塞。

黄仁宇在《中国大历史》中对地理环境也很重视，有所谓 15 英寸等雨线的概念。在等雨线的东南，平均每年有至少 15 英寸的雨量，适合发展农业，人口繁盛；而在等雨线的西北，气候干燥，适合游牧民族逐水草而居。在黄仁宇看来，定居的统一专制帝国与游牧民族之间的和战问题可说是近 2000 年来中国历史的主线。

我认同戴蒙德和钱穆的观点。中国人之所以成为中国人，是因为中华文化，中华文化之所以滥觞，是因为中国的独特地理环境。

一个巨型孤岛

中国占有旧大陆东部的广阔区域。地理学考证，第三纪末、第四纪初的地壳运动，使青藏高原、喜马拉雅山隆起，从而成为中国与旧大陆西部的天然屏障。喜马拉雅山脉南北有天壤之别：亚洲温暖季风被喜马拉雅山阻挡，北坡的雨量较少，植被稀疏，是世界屋脊的青藏高原，即便是今天人类也很难翻越。喜马拉雅山脉南坡雨量充沛，因此植被茂盛；喜马拉雅山区的冰河为诸多亚洲河流供应了所需的淡水，包括恒河、印度河、湄公河，滋养了古印度文明。古印度文明，一种与西方完全隔绝的古老文明，在亚历山大大帝远征到来之前，已经延续了几千年。在公元326年，亚历山大大帝决心征服世界的最东头，从西往东，打到印度，并最终征服印度，但他只能望着白雪皑皑的喜马拉雅山而兴叹。由于喜马拉雅山的阻挡，中华文明能安然无恙。中国"明犯强汉者，虽远必诛"的汉代军团与纪律严明的罗马帝国军团没有交锋，无法知道两个威名远扬的军团哪个更强大。

从西北方向，通过河西走廊，可进入新疆，穿过沙漠、高山可进入中亚，这条路线即常说的丝绸之路。中亚地势平坦，也具有建立统一帝国的地理环境。大唐天宝年间，阿拉伯阿拔斯王朝崛起，以伊拉克为中心，在底格里斯河畔营建了宏伟壮观、人口众多、商贸繁盛的巴格达，巴格达是与当时的长安、君士坦丁堡齐名的世界大都市。阿拔斯王朝旗帜尚黑，故中国史籍称其为"黑衣大食"。在中亚发生的可以媲美于亚历山大大帝远征的战役是发生在唐朝天宝十年（公元751年）的怛罗斯战役。怛罗斯战役是一场当时历史上的大唐与阿拉伯阿拔斯王朝的碰撞。唐将高仙芝率领唐军深入七百余里，在阿拔斯王朝的外围地盘上作战，对方骑兵骁勇善战，而且以逸待劳。史载战斗持续了五日，战斗初期唐朝的精锐步兵占上风，但是兵力悬殊且唐军遭到迂回包围使战争进入僵局，最终唐军因后期给养不足，以及步兵对骑兵的劣势和情报不充分而溃败。这场战争的失利使大唐西扩的步伐停止了，而且对四年之后的"安史之乱"有诱发作用。此次战役说明两个问题，一是唐对阿拔斯王朝在中东兴起并不知情，还以为其是帕米尔高原以西的小国，大大低估了对方的实力，而且唐军以步兵为主的作战方式显示出对骑兵迂回作战的劣势；二是丝绸之路的文化交流深度有限。此次战役在东西方文明交往上是划时代的，因为被俘的唐军有指南针，被俘者中也有造纸工匠，造纸术和指南针也从此传入中亚和西方，为中亚和西方的文明交流以及西方后来的地理大发现奠定了技术基础，促进了人类文明进程，但这也反过来证明从汉以来的丝绸之路是贸易交换，不是技术交流。

在中国的东方和南方则是大海，以古代的木制技术条件，尚不具备在风高浪大的海洋上航行的能力，当然到宋代以后又有海上丝绸之路，它取代陆上丝绸之路成为东西方贸易的主要渠道。

东北方向为大兴安岭、小兴安岭、外兴安岭以及严寒的西伯利亚，正北方向为蒙古高原及严寒的西伯利亚。西伯利亚地处中高纬度，气候寒冷，北半球的两大"寒极"均位于此。汉代大将霍去病亲自率大军"封狼居胥山，禅于姑衍，登临翰海"，翰海在此当指今贝加尔湖。汉代军队以坚毅著称，在勇猛无敌的霍去病率领下才到达贝加尔湖，并没有继续向东挺进乌拉尔山，气候之恶劣，可见一斑。

在西北方向有青藏高原这个不可逾越的屏障，东北方向有西伯利亚，难以与外界及时沟通交流。汉代丝绸之路在中西文化交往上的作用实际上限于物品层次，文化交往有限，信息量不够。汉帝国与罗马帝国在欧亚大陆两端遥遥相对，都不知道对方的存在。就人口、面积、交通网络的长度而言，两个帝国属于人类发展的同一阶段。罗马帝国的圆形露天剧院、浴场、大型会议厅和下水管道等的壮观建筑，标志着它在城市文明上超越了汉帝国。汉帝国在农业技术以及冶炼技术方面比罗马帝国先进。两个帝国相似的唯有威名远扬的军团。罗马军团和汉代军团一样坚毅勇猛，所向披靡。英国历史哲学大师汤因比在《人类与大地母亲》中说，"在希腊——罗马世界大部统一于罗马帝国的时候，丝绸通过陆海两路输往这里。但住在旧大陆东西两端的这两个所谓'文明'民族，对于对方的存在仍然所知甚少。汉语中与希腊语'文明中心'相对应的说法是'普天之下'，但对中国人来说，位于大陆西端，与中华帝国不相上下的大秦帝国，就像希腊人和罗马人所说的赛利斯或希娜或极北之国同样的模糊不清。欧亚大陆的东西两端只是在很久以后才相互建立了直接的联系——先是由于13世纪整个欧亚大陆平原全部结合在庞大而短暂的蒙古帝国之中，双方建立了暂时联系；随后是由于西欧民族从15世纪末以来征服了海洋，这使双方永久地建立了联系"。罗马帝国与汉帝国"失之交臂"，成为人类文明交流的长久遗憾。

没有鱼群的海岸线

海洋中海水沿一定途径大规模流动成为洋流，这是地球奇观。寒暖流交汇，必然造成表层海水与深层海水的连续不停的垂直冲击，使海底营养物质浮上来滋养浮游生物，下层丰富的营养盐类被带到表层，使浮游生物大量繁殖，因而就吸引了大批的鱼群。洋流分布基本上决定了海洋生物资源的分布。世界四大渔场无一不是因洋流而形成：北海道渔场位于日本北海道岛附近，黑潮暖流和千岛寒流交汇于此；北海渔场位于欧洲北海，北大西洋暖流与极地东风带带来的北冰洋南下冷水交汇于此；秘鲁渔场所处海岸盛行东南信风，导致涌流；纽芬兰渔场在加拿大纽芬兰岛附近，墨西哥湾暖流和拉布拉多寒流交汇于此。由于洋流与风的驱动有关，两股季风驱动洋流交汇，产生对冲，使得海面风平浪静，便于使用木制渔船捕鱼。

虽然中国人确实很早就知道海，却没有发展出海洋文明。中国古籍中不乏关于海洋的描述，如《尚书》中的"四海会同"、"环九州为四海"、"江汉朝宗于海"，《尔雅》中的"物产富饶为陆海"。亚洲季风从海向陆地刮起，容易产生台风，对远行的木制渔船具有巨大风险。没有发展海洋文明的主要原因之一是中国大陆具有绵长的海岸线，但没有靠近任何一个洋流，而且面临单向海风，出海条件较恶劣。离中国大陆最近的是北太平洋西部的黑潮暖流

（又称日本暖流），可惜它没有贴近中国大陆边缘流动。

荷兰极端幸运地临北海，海水由于北大西洋暖流经过常年不冻，气候温和，特别适宜鲱鱼生长，荷兰因此占有十分丰富的海洋资源，这为造船业发展带来得天独厚的条件。14世纪时，荷兰人口超过五分之一是从事捕鱼业的（当时荷兰人口没超过100万人）。1609年，荷兰独立之后，荷兰的第一大产业是捕捞鲱鱼。荷兰人拥有先进的捕鱼船，捕鱼效率高，这刺激了造船业的发展，造船业发展后又进一步提高了捕鱼效率。不久，荷兰垄断了北海的鲱鱼捕捞业。17世纪初期，荷兰人甚至到英国海岸附近捕鱼。荷兰依靠捕鱼业，迅速积累了大量资本，而后把这些资金投入造船业。荷兰人开辟了通往亚洲的香料贸易航线，成为世界上造船业最发达的国家，这就是荷兰成为"海上马车夫"的奥秘。1650年，荷兰拥有的商船全球第一。当时世界的商船大约有2万艘，荷兰占1.5万～1.6万艘。到1670年，荷兰拥有的商船吨位是英国的3倍，比英国、法国、葡萄牙、西班牙和德意志拥有吨位的总和还要多。如果没有工业革命的先发优势，英国后来是不可能在海上与荷兰争霸的。

塔斯马尼亚岛效应

每种文化都是当地的（Every culture is local），每个人都是个塔斯马尼亚岛，互相交流与学习才能逃离"塔斯马尼亚岛效应"（文化退化）。我改编海明威诗如下，诗中的塔岛指塔斯马尼亚岛。

每个人是一座塔岛，

自成一体。

每个人都不是广袤大陆的一部分。

如果海浪迫使塔岛与大陆永久失联，

塔岛终将文化消亡。

如同一个断了线的风筝，

如同你的朋友穿越回荒蛮时代。

每个人的文化消亡都是我的哀伤，

因为我是人类的一员。

所以，

不要问丧钟为谁而鸣，

它就为你而鸣！

以前人们以为，文化只有逐渐进步，没有退步之说。

但"塔斯马尼亚岛效应"是一只"黑天鹅",打破了以前的传统智慧。最早介绍塔斯马尼亚人退步的考古学家叫里斯·琼斯(Rhys Jones),他说这是一个"对思维进行慢性扼杀"的案例。塔斯马尼亚岛位于澳大利亚东南部海岸外130英里,生态多样,气候温暖,是今天著名的世界旅游胜地之一。考古学记载,塔斯马尼亚岛上的土著被称为人类近代史上最孤立的族群。人类在至少五千年前就抵达了塔斯马尼亚,当时它还跟澳大利亚本土连在一起。当巴斯海峡在大约一万年前被海水突然淹没时,塔斯马尼亚人和澳大利亚大陆人之间的联系中断了。澳大利亚本身就是一个孤独的大陆,这两个大陆上的人当时都没有可以渡过巴斯海峡的水运工具。塔斯马尼亚岛上维持着4000多人的人口数量,这些人完全隔绝地待在这个太平洋的小岛上,于是造就了"世外桃源"。

公元1800年左右,荷兰人在前往亚洲途中第一次碰到塔斯马尼亚土著的时候,发现他们不仅没有掌握其他大陆人使用的许多技能和工具,还丧失了祖先曾经拥有过的不少技术。考古证据表明,这些工具和技术是被一步步无情遗失的。比如,他们使用的骨制工具先是越变越简单,到了大约3800年前,就完全被放弃了。没有骨制针,就不可能把兽皮缝成衣物，所以，哪怕是在寒风凛冽的冬天，塔斯马尼亚人也近乎赤裸，只在皮肤上涂些海豹油脂，在肩膀上搭层沙袋鼠皮。

塔斯马尼亚岛的自然资源这么丰富，为什么这些人不能在一万年前的文明基础上好好发展文化呢？人类学家发现，越过越倒退的原因很简单：与世隔绝、人口太少、没有文化交流，于是只有文化退步这个必然结果。

身处魏晋南北朝的长期动乱中，陶渊明在《桃花源记》中记载了一个"世外桃源"的梦想，"土地平旷，屋舍俨然，有良田、美池、桑竹之属。阡陌交通，鸡犬相闻。其中往来种作，男女衣着，悉如外人；黄发垂髫，并怡然自乐"。桃花源里"不知有汉，无论魏晋"，无比超然。

我们可以想见，如果桃花源还能有下一个无人打扰的一万年，由于"塔斯马尼亚岛效应"，即使他们不会灭绝，他们的生活也仍然可能退化到原始部落阶段。当年读到杨过和小龙女的美好结局，可以设想，如果他们俩真的来到一个孤绝之地生儿育女、繁衍后代，即使神仙眷侣的后代，一直隔绝，必然也会发生"塔斯马尼亚岛效应"，这样积累的绝世武功也会出现倒退，甚至不如常人了。

"李约瑟难题"新探

中国实际上是一个巨大的"塔斯马尼亚岛"。戴蒙德在《枪炮、病菌与钢铁：人类社会的命运》中，用来解释中华文化在曾几何时领先又落后时猜测道，"环境因素还包括：新月沃地的居间的地理位置，控制了把中国和印度与欧洲连接起来的贸易路线，以及中国距离欧亚大陆其他先进的文明国家路途遥远，使中国实际上成为大陆内的一个巨大的孤岛。中国的相对孤立状态与它先是采用技术后来又排斥技术这种做法有着特别重要的关系，这使人想起了塔斯马尼亚岛和其他岛屿排斥技术的情形。"

"为什么中国也失去了这种领先优势呢？中国的落后起初是令人惊讶的，因为中国拥有无可置疑的有利条件：粮食生产的出现似乎同在新月沃地一样早；从华北到华南、从沿海地区到西藏高原的向山地区的生态多样性，产生了一批不同的作物、动物和技术；幅员广阔，物产丰富，养活了这一地区世界上最多的人口；以及一个不像新月沃地那样干旱或生态脆弱的环境，使中国在将近一万年之后仍能维持高产的集约农业，虽然它的环境问题日益增多，而且比欧洲西部严重。"

从经济角度讲,这些有利条件和领先优势使中国经济出现了一种罕见的"高水平动态均衡",农业高度发达,成功避免了"马尔萨斯人口陷阱"。一方面,人力资本水平越低就越生,越生就越穷;另一方面,越穷就越拼命改进农业技术,越改进就越富有。结果,高生育率带来的贫穷效果和持续改进技术带来的财富效果相互抵消,中国人均收入长期停滞,但人口增长带来了经济总量的扩张,中国经济总量长期居于世界前列。由于农业经济能创造的经济附加值的限制,中国经济在长达千年的过程中出现了"没有人均收入增长的增长"。同时,生产力革命一定来自农业技术之外,在农业经济中的"高水平动态均衡"成为一个不易察觉的经济陷阱,阻碍了中国经济向工业经济转轨[1]。

文化学者金观涛和刘青峰提出了"中国封建社会超稳定系统"这一假说。他们认为,在中国两千年传统社会历史中,每一个封建王朝虽然在其社会稳定时期都有兴盛的局面,但太平盛世不能持久。在每一个盛大王朝末期,都会出现商业病态繁荣、贫富差距极大、官僚体系极为腐败

---

[1] 《重燃中国梦想:中国经济公元1—2049年》中的经济解释。

等现象。其结果是大动乱发生，几百年积累起来的生产力和进步付诸东流。大动乱有效地清除了腐败，使得社会秩序可以重建，但重新确立的只是和原来旧政治结构相同的新王朝，而不是演化到新社会结构中去。这是因为建立新社会的各种进步积累都被大动乱破坏了。正是超稳定系统这种"一治一乱"的机制把中国传统社会束缚在原有轨道上，无论其内部商品经济多发达，都不能进入现代社会。

但是，金观涛和刘青峰提出的"中国封建社会超稳定系统"这一假说只在一定程度上解释了自身演进的轮回，并没有解释为什么中国会对以西方工业革命为代表的文化冲击反应迟钝。

经济总量领先不一定代表文化先进。在这样的封闭环境中，中国人"日出而作，日落而息"，满足于"鸡犬之声相闻，老死不相往来"的自给自足的生活，文化停滞不前。在一个王朝建立初期，人口出现爆炸时，技术也会随着其交通网络足以维持和发展的人口数量等正相关地走向复杂；在一个王朝晚期，出现财政危机和重大天灾人祸，王朝在起义中灰飞烟灭，就会把一个朝代积累的文化成果几乎清零。元代张养浩在《山坡羊·潼关怀古》中悲叹道，"峰峦如聚，波涛如怒，山河表里潼关路。望西都，意踟蹰，伤心秦汉经行处。宫阙万间都做了土。兴，百姓苦。亡，百姓苦"。

本来地理环境导致中华文化孤独地"光荣绽放"，在历史关键时期的政策失误又加剧了"塔斯马尼亚岛效应"。《明史》记载，"初，明祖定制，片板不许入海"。大明永乐三年，郑和率领当时世界上规模最庞大的船队，开始了从公元1405年到1433年的7次下西洋。郑和在东南亚、印度西海岸、阿拉伯世界都建立了自己的据点，曾经多次抵达非洲东海岸。《明史》称"和经事三朝，先后七奉使，所历占城、爪哇、真腊、旧港、暹罗、古里、满剌加、渤泥、苏门答腊、阿鲁、柯枝、大葛兰、小葛兰、西洋琐里、琐里、加异勒、阿拨把丹、南巫里、甘把里、锡兰山、喃渤利、彭亨、急兰丹、忽鲁谟斯、比剌、溜山、孙剌、木骨都束、麻林、剌撒、祖法儿、沙里湾泥、竹步、榜葛剌、天方、黎伐、那孤儿，凡三十余国"。美国《商业周刊》2007年评出了"史上最伟大的30名企业家"，郑和因"最具冒险精神，激励后代企业家勇于承担风险"而当选。但遗憾的是，当时郑和发现的世界是"平的"，因为当时还没有发生工业革命，世界其他国家与中国当时没有太多区别。1433年郑和最后一次航海回来后中国就开始长期的封闭政策，海禁成为长期国策。于是，中国的集体大脑开始文化性衰退。由于长期封闭，出现了"塔斯马尼亚岛效应"，使文化停滞不前。可改变世界版图的地理大发现就要爆发了。1492年，哥伦布携带着西班牙国王和王后致中国皇帝的国书，率领船队从帕洛斯港出发，经加那利群岛后向西航行，几年后首次登上美洲大陆。

明朝万历年间来到中国的意大利传教士利玛窦从西方带来了许多用品，比如圣母像、地图、星盘和三棱镜等，其中还有欧几里得的《几何原本》。利玛窦制作的世界地图《万国全图》是中国历史上第一个世界地图。《明史》记载，"意大里亚，居大西洋中，自古不通中国。万历时，其国人利玛窦至京师，为《万国全图》，言天下有五大洲。第一曰亚细亚洲，中凡百余国，而中国居其一。第二曰欧罗巴洲，中凡七十余国，而意大里亚居其一。第三曰利未亚洲，亦百余国。第四曰亚墨利加洲，地更大，以境土相连，分为南北二洲。最后得墨瓦腊泥加洲为第五。而域中大地尽矣。其说荒渺莫考，然其国人充斥中土，则其地固有之，不可诬也"。明朝礼部竟然认为，"《会典》止有西洋琐里国无大西洋，其真伪不可知"。中国人当时拿到了《万国全图》，却没有一个游历各国的好奇心。黑格尔曾说"中国缺乏欧洲人开拓海洋的巨大勇气，而在自己广袤的土地上自我陶醉于农业社会的节律"。1794年，清代乾隆皇帝说"天朝物产丰盈、无所不有"，表现出自满保守，没有好奇心去探寻世界上即将发生的"三千年未有之变局"，即文艺复兴、地理大发现和工业革命。"王庆悖论"说得好，在一切都乐观之时，往往是危险的开始。骄兵必败，哀兵必胜，古理有之。

在1820年之前的几千年内，人类的平均生活水平基本没有变化。谁能料到，1820年后，工业革命在突然之间侵袭农业世界。从此以后，财富出现"井喷"现象，一些西欧国家的经济突然从停滞转为高速增长。

为什么近代中国没有能够及时适应工业革命？在费正清看来，当近代大量西方人来到中国沿海寻求贸易机会时，古老的中华帝国对外部世界表现出惊人的惰性，它闭关自守，排斥外来势力。在文化上，由于长期封闭，出现了"塔斯马尼亚岛效应"，文化进步很艰难，甚至出现倒退。"塔斯马尼亚岛效应"可以回答费正清的疑问，解释为什么中国难以应对工业革命的冲击。长期处于一个"巨型孤岛"上，对其他文化不关心、不好奇是必然结果。

黑格尔为中国近代的落后感到惋惜，他说："郑和走进海洋后，尽管有种种机会中国可以领先，遗憾的是中国人却把头转过去，背向海洋。"麦迪逊也写道："在1405—1433年，中国先进的航海技术体现在明代郑和'七下西洋'的壮举上。中国的航船比葡萄牙的大得多，由于有先进的防水设备，中国的航船更坚固，也更舒适，它们甚至能远洋航行到非洲。但是，从那以后，中国就从世界经济的舞台上撤回到东亚一隅，远洋航行技术也日渐衰落。"

抓住机遇有时候比努力更重要。许多国家都是抓住机遇"一炮走红"然后"赢者通吃"的。在全球化时代，中华民族只有牢记文化上"塔斯马尼亚岛效应"的教训，防止不开放带来的文化麻木和迟钝，时刻居安思危，对重大生产力革命机遇高度敏感，改革创新，才不会再出现智力上痴迷但心灵上痛苦的"李约瑟难题"。

第三章

中华文明滥觞：同源变异

我们的血脉里流动的都是中华民族的血，我们的精神上坚守的都是中华民族的魂。

——习近平

"人类是多么伟大的杰作！"当哈姆雷特的朋友罗森格兰茨和吉尔登斯特恩来监视他的时候，他发出了如此感慨，"理性多么的高贵！禀赋多么的无穷！行动多么的迅捷，外形多么的可赞！举止多么像天使！悟性多么像上帝！"人类在地球上出现有 300 万年的历史，绝大部分时间是没有文字的历史。可打个形象的比喻：如果用现在的 1 年代表5000 年，人类到目前为止相当于 60 岁。人类在 58 岁之前，都是处于旧石器时代，却在 58 岁时进入了新石器时代，开始了农业活动，59 岁才发明文字，如此推算，工业革命经历的时间还不到 1 个月，信息革命经历的时间还不到 1 天。所以，人类文明是大器晚成，而且过了数百万年以狩猎采集生活为主的旧石器时代。

中国远古人类在这片"巨型孤岛"上繁衍生息，过着以采集、狩猎、群居为主的生活。旧石器时代遗址几乎遍布全中国，甚至中国香港也有人类足迹。距今 100 万年前的旧石器文化有西侯度文化、元谋人石器、蓝田人文化以及东谷坨文化。距今 100 万年以后的遗址更多，在北方以周口店的北京人文化为代表，在南方以贵州黔西观音洞的观音洞文化为代表。中国旧石器时代的生活方式与世界其他地方的基本没有太大区别。

中国旧石器时代文化有西方的阿舍利手斧文化。一般来说，阿舍利石器集中在非洲、西欧、西亚等地。2013 年 1 月 25 日，陕西省考古研究院对外公布，在陕西省商洛市洛南盆地郭塬、十字路口和张豁口南等 6 个旷野型旧石器地点的发掘过程中，发现西方旧石器时代早期流行的阿舍利石器工业类型的手斧、薄刃斧和手镐等工具组合。这是迄今在我国甚至整个东亚地区阿舍利工业器物最为集中的发现。如此大规模的集中发现，说明阿舍利石器是当时原始人类普遍使用的工具。

但旧石器时代仅仅是一个铺垫，是历史拉开的序幕。与其他各民族文化一样，中华文化产生于新石器时代晚期。张光直指出，"'中华文化'有这样的认识，我想是从有农业以后开始的。就是说一个族群有不同的语言，有特别的思考方式，有特别的物质文化上的表现"。

以磨制石器为主的新石器时代，大约从 1 万年前开始，结束时间从距今 7400 多年至 2200 多年不等。根据近十几年来地理和考古研究的新成果，新石器时代早期曾出现过世界性气候回暖时期，这个时期在中国大致相当于以陕西为中心的仰韶文化时期，故亦称为"仰韶温暖期"。黄河中下游地区（包括黄淮海平原）在 5000 年前处于温暖湿润的气候环境。气象学家竺可桢在《中国近五千年来气候变迁的初步研究》一文中指出，距今 5000～3000 年，黄河流域的年均温度较今约高 2℃，冬季温度则高 3～5℃。

就在这个时代，部分人类幸运地开始从事农业和畜牧，将植物的果实加以播种，并把野生动物驯服以供食用，人类不再只依赖大自然提供食物，因此其食物来源变得稳定。1928 年，英国考古学家柴尔德（V. G. Childe）提出了"新石器时代革命"的概念，他认为由农耕、畜牧而达到食物生产，是人类自掌握用火以来历史上一次"最伟大的经济革命"，这种革命唯有近代的工业革命可相比拟。由于欧亚大陆在地理环境、气候条件和自然界动植物品种属性方面均得天独厚，欧亚大陆的居民通过野生动植物的驯化，较早进入农业经济，从此以后，原始人类在全球的发展开始出现破天荒的大分化。

效仿黄仁宇，我在这里依然倡导《重燃中国梦想：中国经济公元 1—2049 年》一书中的经济大历史观。历史太复杂，同样的事件，经过历史学家重新组合，可能有完全不同的看法，于是人们很难形成一个共识。经济大历史观，就是用数字作为理解真实历史的现实基础，从而找到一条清晰客观的线索，得出经得起时间考验的结论。凯恩斯在《和约的经济后果》中意味深长地指出，"历史上的重大事件常常是由像人口增长或者其他根本性经济因素的长期变动所引起的，但是由于这些变动具有渐进性，所以容易被同时代的人忽略"。人类学高度重视人口规模。戴蒙德在《崩溃：社会如何选择成败兴亡》一书中强调，人类对地球环境的影响，在数量上由两个数值相乘而得，即人口数 × 人均环境影响。后一个值"人均环境影响"，按农业经济的最高水平，应在人均 GDP 100 美元以下。在史前时代，使用木器的可耕地有限制，关键影响因素是人口规模。

美国人类学家约翰·博德利在《人类学与当今人类问题》中估计，全球人口有五次扩张。第一次是 10 万年前，全球智人约为 100 万人；第二次是从 10 万年前到公元前 12000 年，全球采集和狩猎人口约为 1000 万人；第三次是从公元前 12000 年到公元前 8000 年，新石器部落人口约为 8500 万人，明显发生了"人口爆炸"；第四次是从公元前 8000 年到公元前 600 年，农业文明人口约为 2 亿多人；公元 1200 年，全球农业人口达到 3.6 亿人；第五次是从公元1400 年开始，全球进入商业世界，1826 年全球人口增长到10 亿人。可以说，1 万年前地球上分散地居住着 1000 万原始人类。人口数量不能超过由狩猎和采集获得的食物所能承受的界限，人口增长缓慢。

本章在国际人类学研究成果的基础上，对采集狩猎时代和农业革命前后（公元 1 万年左右）中国社会经济发展状况和人口情况进行了猜想，推断出中国第一次"人口大爆炸"导致"万邦时代"的诞生，进而探讨了中国旧石器时代晚期和新石器时代早期农业革命及其扩散对中华文明的影响。

目前国内外关于中华文明起源争执不下的"一元说"和"多元说"都忽视了一个农业扩散过程。"多元说"假设了中国有多个农业起源，这在统计概率上不可信，因为发生农业革命的条件很综合很困难。"一元说"在时间上有错位，首先是农业革命在一个地方爆发，其次从该地方扩散，最后由于地理环境不同，一个"种子"开始发芽，并长出不同的植物来了。所以，中华文明是先一元，后多元的。我这里提出中华文明起源的新理论——同源变异说。《淮南子》曾载："今夫万物之疏跃枝举，百事之茎叶条，皆本于一根而条循千万也。"由于中国巨型孤岛的地理环境多样性，文明的种子开始发育，并具有不同特色和演绎路径。虽然中国各区域文化都有着各自的特征，但都是建立在共同的文化基础上，这解释了中华文化起源的统一性（梅花精神），并使中华文化能够形成包容多样的文化形式（牡丹精神）。

一元说与多元说

一元说

"一元说"认为，中华文明从一开始就是线性的发展模式。即中华文明孕育后，经过不断发展，形成了以华夏民族为中心，灿烂的仰韶文化（公元前5000年至公元前3000年）和英俊的龙山文化（公元前3000年至公元前2000年）都是在中原。仰韶文化以河南为中心，东起山东，西至甘肃、青海，北到河套内蒙古长城一线，南抵江汉。龙山文化泛指中国黄河中下游地区约新石器时代晚期的一类文化遗存。于是，考古学界就有一个非常明确的观念：中华文明的原生地一定是在黄河中下游，这是早期文明的腹心地带。这就从本土说自然地引出中华文明的"一元说"。但

"一元说"与在中国境内后来相继发现的数千座新石器遗址相矛盾。典雅的红山文化（公元前4700年至公元前3000年）不在中原，而在辽河流域，分布面积达20万平方公里，延续时间达两千年之久，遗存以独具特征的彩陶与"之"字形纹陶器共存，且兼有细石器的新石器时代文化特征。在杭州附近地区发现的良渚遗址（公元前3300年至公元前2000年）有诗人的浪漫情怀，是中国长江地区的文化代表。

多元说

"多元说"认为，中华文明起源是多源的，而非来自一源。来自多源的文化不断交融、吸收、贯通，最后形成大统一的文化体。社会学泰斗费孝通先生晚年特别关注中华文明和中华民族的起源，提到这是如同"漫天星斗"般的发现。考古学家夏鼐在1962年发表的《新中国的考古学》一文中隐晦地提出"多元说"："根据考古资料，现今汉族居住的地区，在新石器时代存在着不同的文化类型。连黄河流域的中游和下游，也有很大的差异。古史传说中也有这种反映。"夏鼐于1977年发表《碳—14测定年代和中国史前考古学》一文，根据当时公布的各种史前文化年代数据，结合文化内涵和地层证据，系统讨论了它们之间的年代序列和相互关系，亦即中国史前文化的谱系问题，提出中国新石器文化的发展并非黄河流域一个中心的"多元说"。在此文章中，他指出所谓文化类型的不同是"表明它们有不同的来源和发展过程，是与当地的地理环境适应而产生和发展的一种或一些文化"。

考古学家苏秉琦的中华文明起源分布的"六大区域说"就是突出的代表。苏秉琦在《中华文明起源新探》一书中，从考古学的视角出发，提出各地的考古遗址以及从中反射出来的古文化特征，有着不同的区域特点。苏秉琦对整个中国范围内的考古遗址进行划分。其总体可为六大类：一是辽河上游、燕山南北、内蒙古中南部、长城沿线的北方文化区，二是以山东为中心的东部文化区，三是以关中、豫西、晋南为中心的中原文化区，四是以环太湖为中心的东南文化区，五是以鄱阳湖、珠三角为中轴的南方文化区，六是以洞庭湖、蜀中盆地为中心的西南文化区。苏秉琦将中华文明起源置于中国考古地域而言，南方和北方不同，黄河流域与辽河流域有异，山东与河南各殊，陇东与陇西有别。这些差异，不仅在时间先后顺序上有所表现，而且在同一时间内的不同地区，即便是相距很近的地区，都明显地存在。中原与两广文化不同，闽浙与关陇风俗各异。

2009 年 8 月 21 日出版的《科学》杂志刊登新闻聚焦——《中国考古学》（*Archaeology in China*）由 7 篇新闻特写组成。第一篇文章——《黄河之外：中国如何成为中国》（*Beyond the Yellow River：How China Became China*）中说，中华文明的摇篮长期以来被认为位于黄河中游地区，但中国古代文明的起源并不仅限于黄河流域，而在长江流域（例如良渚文化）、珠江流域、西部地区（例如三星堆）都曾出现过相对独立又相互影响的文明中心。这篇文章首先记述了浙江良渚文化的发现过程，并称类似的发现过去 20 年来在中国不断出现，这挑战了"一元说"的观点。

但是，将"多元说"置于各个文化区，就与中华文明统一性这个人类学证据相矛盾。我们说各个文化区有自己的特点，这与它们都具有整个中华文明的共同特征相矛盾。林语堂认为，"所谓'中国人民'，在吾人心中，不过为一笼统的抽象观念。撇开文化的统一性不讲——文化是把中国人民结合为一个民族整体之基本要素"。戴蒙德在《枪炮、病菌与钢铁：人类社会的命运》一书中敏锐地观察到语言的高度一致性，"近代民族大熔炉这一普遍现象的重大例外是世界上人口最多的国家——中国。今天的中国无论在政治上、文化上或是语言上似乎都是一个大一统的国家，至少在外行人看来是这样。它在公元前 221 年就已在政治上统一了，并从那时起在大多数世纪中一直保持着统一的局面。自从中国开始有文字以来，它始终只有一个书写系统，而现代欧洲则在使用几十种经过修改的字母。在中国的 12 亿人中有 8 亿多人讲官话，这是世界上作为本族语使用的人数最多的语言。还有大约 3 亿人讲另外 7 种语言，这些语言和官话的关系以及它们彼此间的关系，就像西班牙语和意大利语的关系一样。因此，不但中国不是一个民族大熔炉，而且连提出中国是怎样成为中国人的中国这个问题都似乎荒谬可笑。中国一直就是中国人的，几乎从它的有文字记载的历史的早期阶段就是中国人的了。"在今天的欧洲，不同国家有不同的语言，与中国语言统一性有极大反差。

旧石器时代狩猎采集承载人口

人类先祖，无论是居住在欧亚大陆的，还是生活在非洲、美洲、大洋洲的，最早都站在以狩猎采集维持生活这个同一起跑线上。中国旧石器时代文化与世界其他地方的文化基本没有太大区别。人口的密度决定于食物的供给量，

而后者又受到自然资源开发技术、运输及食物贮藏手段的
制约。在采集经济中，人口总体非常稀少。这样，就需要
对土地的人口承载能力进行估计，并以此估计当时中国
"巨型孤岛"可能容纳的人口数量。

　　美国考古学家路易斯·宾福德（Lewis Binford）在过去
十多年的时间通过研究全世界的狩猎采集者并通过模拟的
方法，在2001年完成了巨著《构建与参考框架》，将人口
因素置于一个前所未有的高度，将量化了的人口密度作为
狩猎采集者生计选择的标志。根据他的研究，在美洲，一
般没有得到改进的土地，其承受能力似乎每平方英里只有
0.05～0.10人。只有在罕见的比较优越的条件下，太平洋
西北岸的捕鱼部落才能达到每平方英里1人的密度。

　　中国有960万平方公里土地，大致可以算作1000万平
方公里。根据路易斯·宾福德的研究，在植物采集时代，
每100平方公里大约可以养活10个人，即约10平方公里
可养活1人生活。虽然远古中国很多地方的生态植被条件
要远远好于现在，但仍有很多沙漠、荒原等不毛之地，因
此，在采集时代，乐观估计中国的总人口最多约有100万
人，而实际上应该比这个数字更低，比如50万人。

　　在旧石器时代晚期，人类是以氏族方式存在的。离开

了群体，离开了适合生存的环境，就意味着死亡。对狩猎采集者的群体而言，人类学家发现一个魔术数字，即一般来说，每个群体的人数在 25～50 人，由 4～6 个家庭组成。

无论在实践上还是在理论上，"种姓"（Gene）在中国传统政治文化中都占有极其重要的位置。要使"种姓"得到优质的繁衍，生育行为以及相关的制度成为首要影响因素。在人类学角度，除个别制度外，婚姻制度成为"种姓"繁衍的普遍形式。姓氏的一个重要文化功能是避免氏族内通婚或乱伦。根据《说文解字》，人们的姓标志着出生的血缘关系，这种血缘关系最初是由女性来确定的。所以，一些出现较早的姓，如姬、姜、嬴等，大都是从女性得来的。这正是母系氏族的痕迹。

中国共有多少姓氏？答案是大约有 20000 个。现代人编著的《中国姓氏大全》收录姓氏 5720 多个，《中国姓氏汇编》收录 5730 个，《中国姓符》收录 6363 个，《姓氏辞典》收录 8000 多个，《中华姓氏大辞典》收录 11969 个，《中华古今姓氏大辞典》收录 12000 多个。由于姓氏本身在不断地发展变化，任何一种姓氏书都无法也不可能毫无遗漏地把我国所有的姓氏都收录进去。专家估计，我国实际使用过的姓氏大约有 20000 个。四川省遂宁市档案馆职工陈历甫花了 30 年自费到各地收集的姓氏约为 19989 个。中国科学院遗传与发育生物学研究所袁义达副研究员经过多年的收集和研究，发现中国人古今姓氏已超过 22000 个。这 22000 个姓氏包括少数民族的汉译姓氏，比如蒙古族、满族、藏族以及彝族等少数民族的古今姓氏，这 4 个民族的汉译姓氏总数至少在 4000 个以上。

如果按照当时中国可以承载 100 万人口来算的话，那么当时应该有 2 万～4 万个采集群体，而这恰恰与中国的姓氏数量基本吻合，这从一个侧面说明中华文明是人类唯一的"文明活化石"。中国姓氏数量在某种程度上反映了在采集经济时代氏族的数量。在每个氏族 25～50 人的规模假设下，20000 个氏族对应的采集经济能承载 50 万～100 万人口，是比较合理的。

新石器时代农业经济所承载人口

新石器时代刚刚出现的农业，是刀耕火种阶段的农业。它是在强度采集的基础上，采取点穴种子、广撒薄收的方式进行的最原始的生产活动。尽管农业经济已经比采集经济好得多，但新石器时代的人口密度仍然非常低，每平方公里只有约 1 人①。不过，这符合农业经济比采集经济承载人口多一个数量级的规律。中国大致可以算作 1000 万平方公里，在新石器时代发生农业革命的早期，大约能承载1000 万人。

农业革命与工业革命一样，是人类文明的转折点。直到大约公元前 11000 年上一次冰期结束时，各个大陆上的各个族群仍然都是靠狩猎采集为生的。从公元前 11000 年到公元 1500 年，不同大陆的不同发展速度成为了导致公元1500 年左右技术、经济和政治差异的原因。虽然澳大利亚土著和美洲印第安人仍然靠狩猎采集为生，但欧亚大陆的大部分地区、美洲和非洲撒哈拉沙漠以南的许多地区，已逐步地发展起农业、畜牧、冶金技术和复杂的社会组织。欧亚大陆的一些地区和美洲的一些地区，还独立地发明了文字。河南裴李岗文化距今约 7000 ~ 8000 年，处于全新世大暖期的初始阶段，那时气候温暖湿润。这种优越的环境和资源条件为人口规模的扩大提供了条件。

① 见维基百科"旧石器时代"词条，亦见 McClellan. Science and Technology in World History: An Introduction. Baltimore, Maryland, Johns Hopkins University Press, 2006。

河南曾是大象的故乡，但大象被裴李岗人追杀，只好悲痛南迁。从大型动物到小型动物在人口压力下逐级被吃光了，人们只好另想办法，最后逼出来了农业革命。

从世界范围来看，农业核心区在扩张过程后都出现了人口超过千万的初期国家，如公元前 3500 年的亚洲西南部、公元前 2500 年的印度河流域、公元前 1500 年的中亚美利加洲和公元前 1000 年的安第斯山脉。对欧洲是农业扩散的结果已经有基本共识。新石器革命开始于 11000 年前的近东，此后独特的文化群体和其农业经济开始持续向西迁徙进入欧洲，包括驯化的动植物。但很遗憾，中国考古学家和人类学家还没有注意到中国农业扩散这个如此重要的问题。

我国现存最早的人口统计数字记载于《后汉书·郡国志》注引的皇甫谧的《帝王世纪》，大禹曾经"平水土，分九州，数万民"。所谓"数万民"就是统计人口。"今《禹贡》是也。是以其时九州之地，凡二千四百三十万八千二十四顷，定垦者九百三十万六千二十四顷，不垦者千五百万二千顷。民口千三百五十五万三千九百二十三人。"也就是说，九州之地的人口为 13553923 人，即 1300 万人左右。由于历史久远，大禹时代是否有全国性的人口调查值得怀疑。但是，在没有文字的中国史前时代，由于要周期性治理黄河，人们对数字可能是非常敏感的。

虽然上述有关人口的统计并不一定十分准确，但我们至少可以认为在农业革命发生后，中国应该至少有 1000 万的人口，也就是说，农业革命后单位土地承载人口数量至少是采集时代的 10 倍。事实上，人类进入农业社会后所引发的人口增长，其速度可能要远远快于我们的预期。

史前"人口大爆炸"

在人类学中，把农业革命引发的"人口大爆炸"称为"新石器人口转型"。新石器时代革命确实刺激了人口的增长，并且极大限度地提高了土地的承受能力。在太平洋的岛屿上，某些新石器时代社会每平方英里有 30 人或更多的人口。但是，在北美印第安人部落已知的最大人口密度为每平方英里不足 2 人。新石器时代的农民应该聚居在稳定的村庄里，城市革命开始了，于是生活条件逐渐得到改善，人口较多地增长了。但人口增长打破了原来的生态平衡，又给生活带来了新的困难。人口的增长使得人均占有的提供生活资源的土地面积相对减少，人们日益面临着自然生活资源短缺的威胁，这倒逼农业革命的发生。

　　偶然性也可以决定历史。在度过了数万年狩猎采集经济之后，个别地区的人类偶然间在荒野上撒下种子，农业革命突然爆发了。随着气候的异常，植物裸露出来。最初的中国人可能在秦岭或甘肃等地逐渐学会了辨认和培植可食植物，通过栽培这些植物可以定期收获以养活自己；中国人还学会了饲养家畜，努力驯化马和猪，不再集体追赶凶猛的猎物。考古发现，陕西蓝田人用简单而粗糙的方法打制石器，捕猎野兽，采集果实、种子和块茎等为食物。这意味着，中华的祖先不用再过四海为家、边走边吃的游牧生活，可以在一些永久性的地点安家落户，并在附近开垦土地种庄稼，过上粗放农耕的生活。同时群居生活开始被家庭所取代，由于父母可以确认自己所生的孩子了，父母投资孩子的预期回报增加，于是孩子的素质逐渐提高，人类的人力资本开始积累起来。就在这个时代，人类开始从事农业和畜牧，将植物的果实加以播种，并把野生动物驯服以供食用，人类不再只依赖大自然提供食物，因此其食物来源变得稳定。孟子心满意足地描绘了农耕生活，"五亩之宅，树之以桑，五十者可以衣帛矣。鸡豚狗彘之畜，无失其时，七十者可以食肉矣。百亩之田，勿夺其时，数口之家可以无饥矣", 这表明当时老百姓"有衣穿、有肉吃和有饭吃"的生活状况及寿命可以达到"七十"的事实。

然而, 由于地理位置差别, 各大洲的农业革命很不一样。澳大利亚土著和美洲印第安人很不幸运, 失去农业革命的先机, 仍然靠狩猎采集为生, 但欧亚大陆的大部分地区、美洲和非洲撒哈拉沙漠以南的许多地区, 已逐步地发展起农业、畜牧、冶金技术和复杂的社会组织。由于欧亚大陆在地理环境、气候条件和自然界动植物品种属性方面均得天独厚, 欧亚大陆的居民通过野生动植物的驯化, 较早进入农业经济。

我们已经通过推算表明, 在采集时代, 即旧石器时代, 中国"巨型孤岛"所承载的人口约为100万人, 每个族群约为25～50人, 约有20000个氏族。假设在新石器时代晚期, 某个部落发生了农业技术的飞跃, 这样该部落可以承载的人口将是之前的10～20倍, 即一个农业氏族部落将有250～500人。如果当时的平均年龄为30岁, 每一代农业人口将翻一番, 那么由于人口的增长, 原来的部落将无法承载过多的人口, 这样就必须再次迁徙。于是, 一个部落重新分裂为两个部落。单位部落的人口没变, 只是由于农业革命, 农业部落开始呈几何级数地扩散。依此推算, 如果每个部落有 250 人，在 16 代约 480 年后，农业人口将达到约 820 万人，再加上原来 100 万人的采集人口，总人口将接近 1000 万人的规模；如果每个部落有 500 人，在 15 代约 450 年后，农业人口将达到约 820 万人，加上原来 100 万人的采集人口，总人口将接近 1000 万人的规模。也就是说，在发生农业革命后，只需不到 500 年的时间，人口就可以增长 10 倍，农业革命所引发的"人口大爆炸"速度要远远快于我们的想象。

当然，上述人口增长是根据马尔萨斯的几何增长速度来估算的，这可能会产生高估的问题。按照人口以每年 1% 的指数增长速度计算的话，如果每个部落有 500 人，那么只要 992 年人口就将达到 1000 万人，如果每个部落有 250 人，那么也仅需 1061 年人口就会达到 1000 万人，这一速度仅是比几何增长速度慢了一倍，但仍然比我们想象的要快得多。由于农业技术的发展和人口的增多，事实上每个部落的人口也会增加。如果以每个部落 1000 人计算的话，那么中国当时至少会有 10000 个部落，也就是通常所说的"万邦时代"。

2011 年，西南民族大学王建华教授对黄河中下游地区史前人口规模做了系统研究（见表1）。他分四个大的时代

（裴李岗时代、仰韶时代、龙山时代、二里头时代）、每一时代内部又分成不同的期别来进行分析。他在研究典型遗址的基础上，首先确定典型县市的地区人口分布密度以及区域内平均的人口分布密度，然后通过地区的总面积，初步统计出各地区的人口规模。王建华的估算结果显示：裴李岗时代河南人口为 11 万人，陕西人口为 4.5 万人，两地共约 15 万人；仰韶时代早期河南人口为 24.9 万人，陕西人口为 30.4 万人，山东人口为 44.2 万人，仰韶时代中期河南人口为 94.2 万人，陕西人口为 129.3 万人，山东人口为 44.2 万人；仰韶时代晚期河南人口为 107.3 万人，陕西人口为 48.5 万人，山东人口为 48.6 万人。裴李岗时代河南和陕西的总人口约为 15 万人，这个数字与我估计的狩猎采集时代全中国总人口为 100 万人基本一致，这表明仰韶时代人口规模呈现出上升趋势。到了仰韶时代晚期，河南、陕西和山东三地总人口高达 200 万人左右，这基本上比裴李岗时代翻了 10 倍。龙山时代早期河南人口为 169.4 万人，陕西人口为 115.7 万人，山东人口为 54 万人；龙山时代晚期河南人口为 209.4 万人，陕西人口为 275.5 万人，山东人口为 161.4 万人，所以龙山时代晚期河南、陕西和山东三地总人口竟然多达 650 万人左右！王建华的估算与我从国际人类学比较推断的农业时代全中国人口至少 1000 万人的估计基本一致，而且中原地带占当时中国总人口的 2/3 左右，此人口分布也符合史前耕地面积的分布。根据王建华的研究，二里头时代（传说中的夏，公元前 1900 年至公元前 1500 年）中心区域的偃师市、临汾市和运城市的人口规模为 99 万人。夏都城可能相当于今天一个 100 万人口规模的中等城市，是中国第一个大城市。

表1　　　　　史前黄河中下游地区人口规模估计　　单位：万人

考古时期划分	史前传说时期估计	河南（黄帝部落）	陕西（炎帝部落）	山东（蚩尤部落）
裴李岗时代	三皇	11	4.5	
仰韶时代晚期	炎黄和蚩尤部落	107.3	48.5	48.6
龙山时代晚期	尧舜	209.4	275.5	161.4
二里头时代	禹夏酋邦	99（仅偃师市、临汾市和运城市三地）		

资料来源：王建华：《黄河中下游地区史前人口研究》，北京，科学出版社，2011。

农业革命人口增长速度远远快于我们的想象，而这其实与工业革命后，全球人口的迅速增长是一样的道理。在 19 世纪初，全球仅有约 10 亿人口，但仅 200 年的时间，全球已达 70 亿人口。按照目前的趋势，世界人口大约于 21

世纪中期超过 90 亿人，并于 21 世纪末超过 100 亿人。这样，工业革命人口增长 10 倍，其实仅花了 300 年。相比之下，农业革命 500～1000 年的人口增长速度应该还算比较合适的速度。

黄河农民的迁徙：风华绝代

农业扩展有两个模式：一个是沿着中心地区不断扩散，一个是其他部落向农业部落学习农业经济带来的文化。

根据"同源变异说"，在采集时代即旧石器时代，中国"巨型孤岛"所承载的人口约为 100 万人。在新石器时代早期，中国黄河流域某一个部落突如其来和不知不觉中爆发了农业革命，农业革命导致承载人口迅速增长，农业经济比采集经济所能承载的人口量多一个数量级，即 1000 万人左右。由于发生了人口爆炸，为逃脱马尔萨斯陷阱，这个部落人口不断向周边或者远距离的地方迁徙。从当时的人口分布看，中国上古时代由于农业经济的发展，人口相对集中于黄河流域。民以食为天。黄河区域人口已相当密集，形成人口压力，"饥饿"这把"达摩克利斯之剑"始终高悬，导致频繁的人口迁移，以缓解人口与资源紧张的矛盾，如《逸周书·五权篇》所说"人庶则匮，匮乃匿"。其中"匿"就是迁徙的意思。在两三千年中，黄河流域的农民逐渐充满了中国"巨型孤岛"。由于中国"巨型孤岛"地理环境的多样性，有多个平原地区，文明的种子开始发育，并具有不同特色和演绎路径。

农业革命在某地爆发后，农民是怎么扩散到被狩猎采集者占据的中国"巨型孤岛"中的？这是一个与农业革命如何爆发一样令人痴迷的问题。

农业从最初的核心地带开始传播是因为它能比狩猎和采集养活更多人口。农民过的生活往往比猎人更苦，饮食也更糟糕，但那是另外的问题。农业的产生导致人口的爆炸性增长，新增的人口就需要更多的土地，早期的农业多是刀耕火种，人们焚毁森林、排干沼泽、开垦草地。

考古学家们并没有找到农业群体针对狩猎采集者的暴力行为证据，狩猎采集者的群体规模远小于农业群体，一旦农业群体破坏了他们的狩猎场，就算他们打败了农业群体，也无法继续利用这个地区了，他们只能往愈加边缘的地区迁移，这会使他们与其他地区的狩猎采集者产生冲突。当然，也有部分狩猎采集者不知不觉地被排挤到边缘的环境地带，如沙漠边缘、高原、山地和森林。农民数量众多，繁衍更迅速（集中生活，靠近家养动物），组织程度更高且更有效率，武器先进，可以稳固地驱逐狩猎采集者，要么自己从事农业生产，要么远走他乡。实际上，狩猎采集者是无处可逃的，只能承认现实，放弃辛苦的走婚制，通婚的文化融合方式是其最佳策略。影片《阿凡达》中地球人入侵外星球的场景实际上在黄河流域的农民和狩猎采集者碰撞交流中上演了。虽然潘多拉星球环境严酷，但人类只要带上空气过滤面罩，甚至可以裸露皮肤在潘多拉星球上作业。但是由于人类即使学会纳威语也无法和纳威人直接交流，于是科学家们转向了克隆技术，将人类 DNA 和纳威人的 DNA 结合在一起，制造了一个克隆纳威人，成为人类在这个星球上自由活动的"化身"。影片中"克隆纳威人"就是当年黄河流域农民和当地部落通婚制造的"中国人"的原型。

中国尽管不是一个民族的大熔炉，却是一个民族的小熔炉。在一万年前，黄河流域的农民就与两万个氏族融合，并较完整地保存下来中国的氏族。科学家刚刚完成的中华民族 DNA 研究发现，中国实际上并不存在纯种的汉族人，甚至连汉族的概念在 DNA 检测下都不复存在。文明的裂变与变异，也得到了现代基因技术的支持。《美国人类遗传学杂志》（*American Journal of Human Genetics*）2009 年刊载了两份关于汉人基因、染色体变化的研究，新加坡基因研究所发表的汉人基因图谱，可供科学家依据所发现的基因差别，探究汉人人口结构和演化史。8200 个基因样本分别取自中国广东、江苏、安徽、湖南、湖北、河南、河北、山东、辽宁、四川 10 省，以及北京市、上海市和新加坡的华人。研究发现，中国南北汉人的基因大致相同，彼此仅存在 0.3% 的基因差别。研究发现，同一省份人士在基因上通常属同一群体，不过广东省内不同方言人口，则存在基因差别。专家相信，这是由同语系者多通婚所致。此外，中国从北到南的汉人基因排序，显然存在阶梯式差别，但东西间却没有类似情况。这说明黄河流域的农民是逐步南下的，并与当地狩猎采集者融合。

现代人 DNA 中 Y 染色体的谱系演化与群族的形成是同步发生的。从欧洲的狩猎采集者与农民文化同化结果看，现代欧洲人 DNA 的 30% 是狩猎采集者的。可惜，关于中华文明起源的争论只限于考古学领域。为了解决问题，必须有跨学科的视角。对比中国最早的农民与现代中国人的 DNA，特别是 Y 染色体的谱系，以此来分辨两方面 DNA 融合的比率。我猜测现代中国人 DNA 中，狩猎采集者比例也接近30%，因为南下的黄河流域农民约为300万人，他们的 DNA 与 100 万人左右狩猎采集者的 DNA 融合。虽然没有诗词赞扬黄河流域农民和狩猎采集者的豪迈与柔情，但在不久的将来，现代中国人的 DNA 研究成果将重现中华祖先的浪漫爱情与绝代风华。

猪作为伴随人类文明出现的主要家畜之一，家猪的起源和驯化问题一直备受考古界、历史界的关注。近年来，研究人员将分子遗传学和考古学相结合，利用古代 DNA 的分析手段在人类的起源研究和多种家畜的驯化迁移历史研究中取得了卓有成效的进展。来自杜伦和牛津大学的 Keith 博士和 Greger 博士，于 2005 年在《科学》杂志上发表了依据欧亚大陆七个地区的家猪及古代 DNA 样本进行的研究，提出了家猪多中心起源的观点。这个观点和以往中东是家猪唯一起源地的认识截然不同。

中国人工驯化养猪的历史悠久，野猪的驯化发生在公元前 8000 年左右，中国是世界上猪种资源最丰富的国家，中国的地方猪种为中国乃至世界猪的育种和生产提供了良好的资源基础。据《中国畜禽遗传资源状况》（2004）统计，我国现有 72 个地方猪种。2010 年，Greger Larson、Ranran Liu、Xingbo Zhao、Jing Yuan、Dorian Fuller、Loukas

Barton 等在《美国科学院年刊》发表了名为《从现代及古代 DNA 中发现的东亚猪类驯养、迁移以及交易模式》（*Patterns of East Asian Pig Domestication*，*Migration*，*and Turnover Revealed by Modern and Ancient DNA*）的文章[①]，表明中国的家猪是独立起源的，同时中国无论南北东西的家猪的 DNA 大部分是从黄河流域驯化的原始家猪来的。这个间接证据推翻了中华文明"多元说"，表明农业革命是从黄河流域逐渐扩散到中国"巨型孤岛"的，中华文明是同一个源头，可以用梅花的一致性来表达。黄河流域农民与当地狩猎采集者逐步融合发展的过程，存在适应性变异，可以用牡丹的多样性来表达。

人类创造自己。美国历史学会前主席麦克尼尔与其子约翰·R. 麦克尼尔合著的一部著作《人类之网》表明了文化扩散途径："随着技术、商品和态度不断从各个文明的核心地带逐渐地向外传播，一条文化带便显现了出来，而且沿着这条文化带分布的各个地区，社会和环境的各种张力也随之大为加强。人口数量的充足发展具有基础性意义。

[①] Proceedings of the National Academy of Sciences of the United States of America，2010，17：7686－7691.

到公元前后，汉帝国和罗马帝国各自均拥有6000万人口。尽管目前尚没有关于世界其他地区人口的准确估价统计，但大部分地区皆出现了较为充足的人口增长则是一个肯定的事实，因为只要在土壤适宜耕种的地区，那么粮食生产就会以损害狩猎者和采集者的利益为代价持续地扩大发展。整个澳大利亚、非洲和东南亚的很大一部分以及几乎整个美洲大陆，在公元200年时，仍旧为狩猎者和采集者所占据，而太平洋的许多岛屿甚至还是人类未曾踏足的地区。但是，广大的地球表面朝着定居村落生活方向的转变业已成为一个完成了的现实。"可以说，农业扩散是全球的共同趋势。由于中国"巨型孤岛"腹地广阔，长江、黄河水流充沛且支流丰富，中国盆地众多，中华民族必然演化成为一个上亿人口的巨型民族。

文明裂变的结果：万邦时代

中国大约在1万年前进入新石器时代。在新石器时代早期，中国某一个部落率先爆发了农业革命，农业革命导致承载人口迅速增长，农业经济比采集经济所能承载的人口多一个数量级，即1000万左右。中国地域辽阔，各地自然地理环境千差万别，伴随着人口爆炸，部落数量开始迅速增长，每个部落由于定居而出现"城邦"，这开启了中国城镇化的过程。黄河中上游是粟、黍等旱作农作物的起源地，很早就饲养猪、狗等，社会复杂度不断提高，出现了原始城堡和城垣。可以说，在 1000 年左右时间内，中华文明由一个部落与其他狩猎采集者融合，裂变为 10000 个左右"城邦"，进入"万邦时代"。较早的古籍《尚书·尧典》讲"协和万邦"是有道理的。

与欧洲和中亚地区相比，中国新石器时代的遗存数量较多。远古经济比较发达的黄河流域和长江中下游近年发现的一些公元前五六千年的遗址，基本上属于新石器时代早期偏晚阶段的遗存，在数目上与"万邦时代"的基本一致。著名的遗存包括华北磁山文化、西北白家大地湾文化、中原裴李岗文化、东北兴隆洼文化，以及江汉以澧县彭头山和石门皂市遗址下层遗存为代表的文化。

由于没有文字可考，新石器时代的经济形态和生产力发展水平只能依靠考古发现的物质文化遗存来说明，其中以磨制石器为主的生产工具和以陶器为主的生活用品成为分析当时社会经济最重要的依据。黄河是中华文明的发祥地。接近万计的新石器时代遗址显示黄河文明裂变速度之快，其扩散乃至充满整个中国"巨型孤岛"的迁徙速度远超出人们早先的估计。

中华文明首先沿着黄河从西向东裂变。由于农业的继续发展和人口增殖的加速，在一些地区形成了农民移民垦荒的大潮，从而引起了文化的大传播以及不同文化间的接触、影响与融合。炎帝氏族、黄帝氏族很可能都起源于中国西部或秦岭地区，长期过着游牧生活，后来东进到渭河流域，再东进到黄河中下游的中原地带，沿着黄河进入山东，逐渐向农耕生活过渡。

在人口爆炸和文明裂变后，其他文化区域多得就像天上的星星，区域中心的发展和扩张促进了中华文明的形成。中华文明沿着黄河扩展后迅速南下，渡过长江。太伯南迁表明了由北向南迁徙的移民方向。太伯是周太王的儿子。他为了成全父亲想传位于季历的意愿，南迁到南方荆蛮。《史记》记载："太伯之奔荆蛮，自号句吴，荆蛮义之，从而归之千余家，立为吴太伯。"

在采集时代，即旧石器时代，中国"巨型孤岛"所承载的人口约为 100 万人。在新石器时代早期，中国黄河流域某一个部落在突如其来和不知不觉中爆发了农业革命，农业革命导致承载人口迅速增长。由于发生了人口爆炸式增长，为逃脱马尔萨斯陷阱，这个部落人口不断向周边或者远距离的地方迁徙。在两三千年中，中国第一次人口大爆炸，使黄河流域农民逐渐占满中国"巨型孤岛"。

人类有一个"吃"的革命，就是"广谱革命"。20世纪60年代，考古学家Flannery提出了"广谱革命"假说（Broad Spectrum Revolution），认为古人类在面临困境的情况下主动地拓宽了取食资源范围，许多以前未被注意或重视的动植物资源，如野生谷物、水生软体动物等被人们用于日常生活，即人类食谱的广谱化，同时伴随的现象还有狩猎、食物加工、食物储藏等技术的进步和人类对所居住空间利用的日益复杂化等。中国古书似乎记载了农业起源的人口压力模式。《白虎通》记载："古之人，皆食禽兽肉，至于神农，人民众多，禽兽不足，于是神农因天之时，分地之利，制耒耜，教民农作……"从这个记载看，农业革命可能是"广谱革命"的意外事故。

从中国菜系看，可以隐约辨别黄河文明向南扩散的多元化成果。中国菜是一个总称，在工艺上以烹煮为主，在味道上贯穿了一个"香"字。粗略分的"四大菜系"中北方只有山东鲁菜，其余三个都在南方。黄河流域地理环境较单一，黄河中上游只能种植不需要灌溉的粟（小米），面食发达。随着文化扩散，迁徙的农民得到"广谱革命"的真传，地理环境越多样，就越会吃，于是产生了源于黄河中下流域的鲁菜，源于长江上游的川菜，源于长江中下游古扬州的淮扬菜，源于广东珠江流域的粤菜。

中华民族从黄河中上游最先发端，而后扩散到"巨型孤岛"，造就"万邦"，也附带着美食大发现。由于同源，中华文化具有高度的一致性，即梅花精神。由于变异，中华文化又各具特色，各有千秋，即牡丹精神。所以，中华文化可以用梅花与牡丹来代表。黄河流域是中华文明的摇篮，百川归海，形成了多元一体的文明格局。

第四章

两个平原的故事：文化混血儿的诞生

美国人类学家本尼迪克特的两本书——《文化模式》和《菊与刀》把文化模式的概念阐释得很清楚。本尼迪克特在《文化模式》中写道，"谁也不会以一种质朴原始的眼光来看世界。他看世界时，总会受到特定的习俗、风俗和思想方式的剪裁编排。即使在哲学探索中，人们也未能超越这些陈规旧习，就是他的真假是非概念也会受到其特有的传统习俗的影响"。本尼迪克特的《菊与刀》既不是历史学著作，也不是社会学著作，而是人类学早期著作。本尼迪克特使用文化人类学的研究方法进行探索，本身就是要以超越历史的视角来整体性地把握人类文化中不变的概念和结构，对影响人类文化行为的深层结构进行挖掘。但是，我们也不能局限于本尼迪克特的研究，不能限于她的故事分析法，因为当时人类学刚刚萌芽，更何况她也从来没有去过日本。

自本尼迪克特后，人类学获得了巨大发展。其中，人类学家戴蒙德在其名著《枪炮、病菌与钢铁：人类社会的命运》中认为，人类社会中权利与技术的歧义无法反映文化或种族上的差异，而是来自于被各种不同正回馈循环强力扩大的环境差异。书里有一段《安娜·卡列尼娜》里的名言"幸福的家庭都是相似的，不幸的家庭各有各的不

幸"，就是从环境地理的角度，展示一系列文化形态是如何
从兴盛走向衰亡的。本章就是把本尼迪克特的部落研究方
法与戴蒙德的地理环境方法结合起来，用人类学的方法来
研究中华文化模式的起源。

为什么最后在万邦中占据主导地位的竟是炎黄联盟，
而不是黄河下游的蚩尤部落或长江三角洲的良渚部落？中
华文化起源于黄河流域的两个相对独立又相邻的平原，即
关中平原和华北平原。一方水土养一方人。处于华北平原
的黄帝部落由于要应对黄河泛滥成灾的艰苦环境，必须艰
苦奋斗，铸就了梅花精神；处于关中平原的炎帝部落由于
要应对复杂多样的生态环境来发展农业，必须创新，由此
铸就了牡丹精神。后来，炎黄部落联盟，把两个不同部落
的文化基因结合在了一起，在有文字出现的史前时代，造
就了华夏族"梅花与牡丹"的独特文化模式。就个人来说，
梅花与牡丹是一种生活态度；就国家和民族来说，梅花与
牡丹是一种文化和精神。

戴蒙德在《枪炮、病菌与钢铁：人类社会的命运》中
说，"中国一直就是中国人的，几乎从它的有文字记载的历
史的早期阶段就是中国人的了"。由于文化的路径依赖和历
史惯性，中华民族这种具有双重性的文化模式延续至今。

　　中西文化模式为什么有区别？这个区别不是今天的区别，而是很早以前的。大约在 10000 年前，冰川大量融化，气温回升，人们开始了从狩猎、放牧向农耕的过渡。在气候变暖的情况下，初始地理禀赋的不同决定了中华文化与其他各个大洲文化发展的不同。

　　中国独特的地理位置相当于一个"巨型孤岛"，并且具有天然抵御外来侵略的能力，因而中华文化能源远流长，在漫长的历史条件下保持了自己的相对独立性。但是，"巨型孤岛"仅仅是中华文化繁衍的大环境，不是中华文化起源的"初始环境"。我借助经济人类学的方法，发挥一个经济学工作者善于观察的职业特点，从黄河流域"两个平原"的"初始环境"出发，提出中华文化模式起源新说。文化基因一旦形成，就很难改变，而正是文化基因决定了一个民族的集体价值观。

初始地理环境：两个平原

　　地理环境对任何文化起源和发展至关重要。众所周知，黄河是中华民族的母亲河。黄河流域，在历史上同幼发拉底河和底格里斯河流域、尼罗河流域、恒河流域齐名，是世界文明发源地之一。但是，也许许多文化学者和考古学者都忽视了中华文化起源的一个独一无二的初始环境：在黄河流域上有两个相对独立又相邻的平原，一个是黄河中游地区的关中平原，另一个是黄河中下游地区的华北平原。

与希腊半岛、尼罗河谷及两河平原相比，中国不是有一块"新月沃地"，而是有两块"新月沃地"。两个平原的共同点是有半干旱地区常见的肥沃土壤，即风吹来的、厚厚的尘埃沉积层，黄土覆盖厚度一般在 100 米以上。只要有足够的水，耕种是容易的。两大平原面积广达 41 万平方公里，而美索不达米亚文明分布范围不超过 20 万平方公里，古埃及文明分布范围不及 10 万平方公里。更晚期的古希腊、古罗马乃至中美洲文明，其分布范围则更为狭小。中国农业在两个平原上很容易开展起来。

从时间次序上说，中华文化最早发祥于黄河中游的关中平原，包括汾河、渭河、泾河等大支流的河谷，也就是后来裴李岗文化和仰韶文化的核心地区。

从关中平原向东，要经过艰难险阻的地理走廊，即陕晋走廊。河段内支流绝大部分流经黄土丘陵沟壑区，该区水土流失严重，是黄河粗泥沙的主要来源；峡谷下段有气势磅礴的壶口瀑布。如果是走陆地，从西安往东，过函谷关沿黄河南岸行进，可以顺利到达辽阔平坦的华北平原。

华北平原是以河南为中心的。中国古代人口相对集中于黄河流域的中原地区，耕地严重不足。2011年，学者王建华估计，龙山时代晚期河南人口为209.4万人，陕西人口为275.5万人，山东人口为161.4万人，所以龙山时代晚期河南、陕西和山东三地总人口竟然多达650万人左右，占中国当时总人口的2/3左右。与希腊半岛、尼罗河谷及两河平原相比，黄河流域高5个纬度，更寒冷，生活更艰辛。

英国著名历史学家阿诺德·约瑟夫·汤因比在其鸿篇巨著《历史研究》中提出了"挑战与应战"理论，并以此来解释文明发展阶段。对于中华文明的诞生，他将其套入文明起源的"挑战与应战"模式，阐述为"我们发现人类在黄河流域所要应付的自然环境的挑战要比两河流域和尼罗河流域的挑战严重得多，这里夏季酷热、冬季严寒。我们所能肯定的仅有这么一点，就是在黄河岸上居住的古代中华文明的祖先们，没有像居住在南方古代中国的人们那样享有一种安逸而易于为生的环境"。按照他的说法，较之长江流域，中华文明之所以首先在黄河流域诞生，是由于这里的居民遇到了艰苦环境的挑战，而他们也成功地应对了挑战。长江流域文明应是黄河流域农民带来的。

　　两个平原有各自不同的初始地理环境和挑战，而且相邻，由此产生了不同但又能融合的文化基因。

两个平原的文化基因

　　黄河中下游地区的华北平原，夏季酷热，冬季严寒，有的年份雨量稀少，有的年份雨量暴增。日本气象学家田家康在《气候文明史》中认为，气候的变迁对人类文明和历史的进程有着深远又重大的影响。在黄河中游地区曾有一个气候较为异常的时期，其主要表现为温度的变化尤其是降雨量的不均衡。吴文祥和葛全胜（2005）首先根据古文献学、考古学以及天文学等多学科交叉研究的成果，分析了史前洪水可能发生的时代，然后利用高分辨率的气候代用指标重建了传说时期的气候背景，推测传说中的大洪水发生于公元前4200年到公元前4000年。这与炎黄部落生活的仰韶时代基本对应。从《诗经·小雅·十月之交》描绘的洪灾的画面"烨烨震电，不宁不令。百川沸腾。山冢崒崩，高岸为谷，深谷为陵。"可以想象黄河泛滥的惊心动魄，古老的黄河如一匹难以驯服的野兽，任意奔流，日夜怒吼，滔滔不息，吞噬着万顷良田。

环境越困难，刺激文化基因发育的正能量越强烈。生活在黄河中下游的是黄帝部落，他们既与黄河水患相抗争，又保持着对黄河的依赖。黄河的河道变化不定，无法进行正常的灌溉，只能种植不需要灌溉的粟（小米）。

可以想象，对于洪灾等大范围的灾害，单凭少数人的力量或局部治理是难以达到预期效果的，而大规模的治水活动必须进行统筹组织，并协调各方共同行动。黄帝部落在治水中齐心协力，辛勤耕耘。黄帝发明制造了车，"轩辕氏"便是因此而得名。黄帝是身经百战、不辞辛苦的将军。《五帝本纪》说："天下有不顺者，黄帝从而征之迁徙往来无常处，以师兵为营卫。"黄帝还始造釜甑，从此开创了"美食文化"的历史。黄帝的夫人嫘祖首倡蚕桑—织丝事业。可以说，自强不息、坚毅勇敢和苦难辉煌的"梅花精神"是黄帝部落在艰难而波澜壮阔的生存发展中锤炼出来的核心精神。

秦岭是中国的"阿尔卑斯山"。秦岭山地阻止夏季亚洲季风，形成降雨，为黄河支流的发源地，是长江、黄河的分水岭，是亚热带与暖温带交汇区，是世界上生物多样性最丰富的地区之一。《诗经·秦风》有"终南何有，有条有梅"的诗句，表明秦岭远古比现在更温暖些。在秦岭以北，就是关中平原，地理环境多样和复杂，史称"八百里秦川"。人类学家发现，"新月沃地"的粮食生产和乡村生活源于丘陵和山地，而不是源于低地河谷。公元前4000年，关中平原这一带便存在着农耕的村落，西安半坡的新石器时代遗址是一个最好的例子。《孟子·滕文公上》曾记载关中平原"草木畅茂，禽兽繁殖"，直到战国时期依然有着"山林川谷美，天才之力多"。

炎帝部落一开始就是在比黄帝部落生存环境好的地方，但其面临环境多样性挑战仍然很大，必须勇于创新才能求得生存。炎帝对技术的钻研预示了中华民族自诞生之日起就擅长技术改进。《易经·系辞下》写道，"包牺氏没，神农氏作，斫木为耜，揉木为耒，耒耨之利，以教天下"。《白虎通》记载，"古之人，皆食禽兽肉，至于神农，人民众多，禽兽不足，于是神农因天之时，分地之利，制耒耜，教民农作，神而化之，使民宜之，故谓之神农也"。而耒耜的发明和五谷的种植在考古中均得到证实。在炎帝故乡宝鸡的北首岭遗址中（距今7000~5000年）发掘大量的石、骨、角、陶制农具和碾盘、碾棒，说明当时的先民已进入农耕时代，大量陶片的出土，证明他们也已掌握了陶器制作技术。

由于人口增加，农业需要扩大耕地面积。神农，又被称为炎帝、火神，他所传授的实际上是在河边焚林垦殖、刀耕火种。炎帝尝百草，一日中九毒，也毫不动摇。可以说，炎帝部落进一步拓展了农业革命的广度和深度。炎帝部落物质相对充盈。从古籍记载的传说看，炎帝神农之时原始产品交换开始萌芽。《易经·系辞》有云，"神农以日中为市，致天下之民，聚天下之货，交易而退，各得其所"。

炎帝部落敢于创新求变，包容多样性，自觉摒弃保守的生存状态，培养出巨大的创造冲动意识和兼容并包的多元文化特质，其精神可称为"牡丹精神"。

炎黄联盟的后果：天赋使命

从相当程度上说，地理造就文化，文化造就民族。由于地理位置不同，黄帝部落在华北平原受的磨难多，所以组织能力和意志力比较强；炎帝部落在关中平原面对多样性的生态环境，宽宏包容，敢于创新，所以发明创造多。

由于人口增长对资源的压力，黄帝和炎帝在阪泉之野打了三次大战，黄帝部落占优势。当时，在黄河流域形成三大部落，一是黄帝部落，二是炎帝部落，三是在黄河下游（山东）的蚩尤部落。在澳大利亚和非洲，部落结盟是面对部落间生存竞争和战争的最佳战略之一，这一战略也在不远的过去中反复出现。炎黄部落毕竟是近邻，经济上有贸易关系，人员往来中有通婚，最终两大部落经过反复磨合非常智慧地联合起来，强强联合，共同迎战蚩尤部落。

如果说炎帝神农氏是原始技术、生产、交易、娱乐、艺术的发明者，那么黄帝就是制度、军事、部落管理的创立者。炎黄部落联盟结合的优势在于继承了自强不息、艰苦奋斗的精神，同时发扬光大了求变、创新精神，是"梅花精神"与"牡丹精神"的奇妙融合。

炎黄联盟的经济实力雄厚，人口众多，由于他们秋天储粮度过春荒，因此必须有一个数字来记录。于是产生了数字。由于他们能储粮了，部落战争中的后勤保障能力增强，军事力量很快就超过了其他的部落。由于人口众多，其技术创新能力强。《淮南子·本经训》亦云，"仓颉作书而天雨粟，鬼夜哭"。黄帝在结盟后很重视炎黄部落的团结，他生于河南新郑，葬于陕西桥山，可见黄帝的大局观。

涿鹿之战的传说从一个侧面说明炎黄联盟的压倒性经济和技术优势，炎黄联盟必然取得与其他部落战争的胜利，在万邦中取得绝对优势的主导地位。相传，炎黄联盟在与蚩尤作短暂交战后，主动后撤，一直撤到涿鹿（今河北涿鹿县南）一带，准备在这里寻找决战机会。为什么撤退到此地呢？古地名"涿鹿"从汉字造字法上说，猪和鹿比较多，必定有水。我猜测有黄河流过，炎黄联盟计划"水淹七军"。蚩尤部落一路追到涿鹿，由于后勤补给线过长，面临粮草匮乏等困难。传说炎黄联盟先发制人，利用蚩尤立足未稳，掘开黄河，用洪水淹蚩尤的军队。而蚩尤不甘示弱，请来风伯雨师作法，以狂风暴雨袭击炎黄的军队。炎黄联盟见势不妙，请出女神旱魃，驱散风雨。蚩尤立即又改变了招数，作大雾弥漫三天三夜。炎黄联盟一下就乱了阵脚，辨不出方向。危急关头，炎黄联盟在北极星的启发下，发明了指南车，冲出了大雾，很快确定了蚩尤所在的位置，突然发动大举反攻。蚩尤军队遭到突然袭击，一败涂地，最终蚩尤成为俘虏。国学大师范曾在《炎黄赋》中生动活泼地记载了此历史决定性时刻，"岁月迁流，穷奇斯生，涿鹿风云突变，域中归于一统，百族聚为中华，自中原而滂沛十方"。

汤因比说："在公元前 221 年政治统一之前，中国早已实现了文化统一。"戴蒙德在《枪炮、病菌与钢铁：人类社会的命运》中说，"中国一直就是中国人的，几乎从它的有文字记载的历史的早期阶段就是中国人的了"。甚至可能早在公元前 8000 年到公元前 6000 年，中华文化就统一了。华夏族是"混血"，拥有得天独厚的两个基因，即"梅花"与"牡丹"，既坚韧不拔又敢于创新，既刚毅果敢又包容宽厚，形成了一个能对冲风险的先进文化。可以说，中华民族是个文化兼容体。从炎黄部落联盟创立的那一刻起，一个超级巨型部落在万邦时代冉冉升起，气魄宏大，光芒四射。梁启超曾说"我中华者，屹然独立，继继绳绳，增光发大，以迄今日"。中华民族诞生了，中华大地的命运就已经基本注定了，地球上人类社会的命运展现出更加灿烂的前景。

第五章

"中国的忧伤"及夏酋邦的文化后果

"中国的忧伤"：黄河周期性泛滥

大约 1 万年前的农业革命导致中国史前人口爆炸后，中国的总人口发展到 1000 万人左右。根据学者王建华（2011）的推断，龙山时代晚期河南人口为 209.4 万人，陕西人口为 275.5 万人，山东人口为 161.4 万人，所以龙山时代晚期河南、陕西两地总人口竟然多达 500 万人左右。面对巨大的人口压力，人们必须开荒，砍伐森林，以便获得住处和耕地。《孟子·滕文公上》中生动地记述了 3000 多年前中国农业开疆拓土的场景，"当尧之时，天下犹未平；洪水横流，滥于天下；草木畅茂，禽兽繁殖，五谷不登；禽兽逼人，兽蹄鸟迹之道，交于中国。尧独忧之，举舜而敷治焉。舜使益掌火，益烈山泽而焚之，禽兽逃匿"。农业生产必须有水，"舜使益掌火，益烈山泽而焚之"，由此可以推断被焚毁的"山泽"一定是黄河岸边的森林。

随着人口的增长，对松软肥沃土地的耕种面积不断扩大也导致了对土壤的严重侵蚀，黄河流域与黄土高原的植被开始遭到破坏，河边的森林开始后退。致使黄河对泥沙的冲刷更为厉害，并形成一种周期性的危害。特别是，黄河中游的黄土地区土质松散,垂直节理发育,一遇暴雨,即造成大量水土流失。挟沙水流进入黄河下游的宽浅河道流速减慢,挟沙能力下降,造成河道严重淤积。根据估算,平均每年进入黄河的泥沙高达16亿吨,其中4亿吨淤积在黄河下游。唐代刘禹锡在《浪淘沙》中感叹,"九曲黄河万里沙,浪淘风簸自天涯"。大量泥沙淤积使下游河床日益增高,河道滩面一般高出地面,成为举世闻名的"悬河"。

"屋漏偏逢连天雨"。受到亚洲季风的影响,中国的降雨量集中在夏季,暴雨多集中于黄河中游,下游又没有湖泊调蓄,因此洪水有暴涨猛落的特点。黄河容易泛滥成灾。一旦地上"悬河"决口以后,居高临下,难以立即堵复,有时就酿成改道。当时黄河下游流经河北平原,在渤海湾西岸入海,河道极不稳定。据历史记载,在1946年前的3000~4000年间,黄河下游决口泛滥1593次,河道因泛滥大改道共26次。与黄河形成鲜明对比的是,南美洲的亚马逊河就其水量与流域面积而言,都比黄河大得多,但沿河两岸平坦,河道宽阔,水面平缓,沿河有宽数十公里的冲积平原。

如果说炎黄时代黄河泛滥主要是天灾,那舜时代的黄河决口则主要是人祸。国际历史学家们给黄河泛滥发明了一个专有名词——"中国的忧伤"（China's Sorrow）。人口增长导致黄河河岸植被被破坏。随着黄河缓慢地流经下游冲积平原，越来越多的泥沙便沉淀下来，造成河床抬升，黄河越来越频繁地决口泛滥，有时人们还没来得及修建起新的大堤，它又再次决口，淹没广袤的土地，开始了新一轮的轮回周期。

黄河决口后，部分难民沿着陕晋峡谷方向很可能向关中平原逃难，导致关中平原人口更多。人口压力导致人们更多地砍伐森林。黄河中游人为破坏，又加上气候干燥等不利的自然因素，更使不少地区变成了荒山、荒坡和沙丘，于是呈现"马太效应"，即越发水越砍伐，越砍伐越发水。先秦的文献中找不到黄河一词，成书于汉武帝征和年间的《史记》全篇也不见黄河的说法。据考证，黄河一词最早见于东汉班固《汉书·地理志》中"常山郡·元氏县"的释文里。

不幸中的万幸：永不干枯的河流

人类对于自然的干预破坏始于森林砍伐。随着人口的增长，更多的森林被清除，这无可避免地造成土壤侵蚀。

2005 年戴蒙德流行全球的作品《崩溃》，讲述了一个令人震惊的例子。复活节岛是太平洋上的一个小岛，以残缺的巨大石像闻名——12 吨重的巨石放在几十吨重、数十英尺高的石像头上，这显然是某种人类文明的遗存，而现在，这个岛已经成为不毛之地，连一棵大树都没有。根据岛上沉积物中的花粉和坚果化石证据，科学家推测，很久以前，岛上曾有巨大的棕榈树。这些棕榈树，曾与岛上的其他植物一起，共同组成了一片繁郁茂密的森林。后来为了彰显部落的权威，部落首领砍伐森林，运输巨石，建造石像。森林越来越少，水土流失就开始严重，而复活节岛的独特气候更加重了这种影响，最后饥荒发生，社会最终崩溃。

有趣的是，戴蒙德的《枪炮、病菌与钢铁：人类社会的命运》对中亚文明因环境脆弱消失做了生动描述，可以与复活节岛对比。我长篇引述如下：

就新月沃地而言，答案是清楚的。新月沃地由于当地集中了可以驯化的动植物而拥有了领先优势。如果它一旦失去了这种优势，它就不再有任何引人注目的地理优势可言。这种领先优势在一些强大帝国西移的过程中消失了，这种情况可以详细地描绘出来。在公元前第 4 千纪

（4000—3000 B. C. ）中新月沃地的一些国家兴起后，权力中心起初仍然在新月沃地，轮流为巴比伦、赫梯、亚述和波斯这些帝国占据。随着希腊人在亚历山大大帝领导下于公元前4世纪末征服从希腊向东直到印度的所有先进的社会，权力终于第一次无可挽回地西移。随着罗马在公元前2世纪征服希腊，权力又进一步西移，而在罗马帝国灭亡后，权力最后又向欧洲西部和北部转移。

只要把现代的新月沃地和古人对它的描写加以比较，促使权力西移的主要因素就立刻变得显而易见。今天，"新月沃地"和"粮食生产世界领先"这些说法是荒唐可笑的。过去的新月沃地的广大地区现在成了沙漠、半沙漠、干草原和不适合农业的受到严重侵蚀或盐碱地的土地。这个地区的某些国家的短暂财富是建立在单一的不能再生的石油资源的基础上的，这一现象掩盖了这个地区的长期贫困和难以养活自己的情况。

然而，在古代，在新月沃地和包括希腊在内的东地中海地区，很多地方都覆盖着森林。这个地区从肥沃的林地变成受到侵蚀的低矮丛林地或沙漠的过程，已经得到古植物学家和考古学家的说明。它的林地或者被开垦以发展农业，或者被砍伐以获得建筑用的木材，或者被当作木柴烧掉，或者被用来烧制石膏。由于雨量少因而初级生产力（与雨量成正比）也低。这样，植被的再生赶不上破坏的速度，尤其在存在大量山羊过度放牧的情况下是这样。由于没有了树木和草皮，土壤侵蚀发生了，溪谷淤塞了，而在雨量少的环境里的灌溉农业导致了土壤中盐分的积累。这些过程在新石器时代就已开始了，一直继续到现代。例如，现今约旦的古代纳巴泰国首都皮特拉附近的最后一批森林，是在第一次世界大战前被奥斯曼土耳其人修建希贾兹铁路时砍光的。

因此，新月沃地和东地中海社会不幸在一个生态脆弱的环境中兴起。它们破坏了自己的资源基础，无异于生态自杀。从东方（新月沃地）最古老的社会开始，每一个东地中海社会都在轮流地自挖墙脚，而就在这个过程中，权力西移了。欧洲北部和西部没有遭到同样的命运，这不是因为那里的居民比较明智，而是因为他们运气好，碰巧生活在一个雨量充沛、植被再生迅速的优越环境里。在粮食生产传入7000年之后，欧洲北部和西部的广大地区今天仍能维持高产的集约农业。事实上，欧洲是从新月沃地上得到它的作物、牲畜、技术和书写系统的，而新月沃地后来反而使自己失去了作为一个主要的权力和发明中心的地位。

这就是新月沃地失去它对欧洲的巨大的早期领先优势的情形。

实际上，中国农业革命后对"美丽中国"的破坏不比新月沃地和东地中海社会轻多少，生态也是严重被破坏。戴蒙德在《枪炮、病菌与钢铁：人类社会的命运》中没有注意到中国地理环境与新月沃地和东地中海社会的一个重要差别，那就是河流的海拔。新月沃地和东地中海社会的河流海拔低，容易受到气候异常的影响，而中国的两条大河——黄河和长江发源于海拔在 4000 米以上的青藏高原的巴颜喀拉山脉北麓和唐古拉山脉各拉丹冬峰山，气候异常很难影响到河流的存在。李白在《将进酒》中描绘了黄河沿着中国地势流淌的气势，"君不见黄河之水天上来，奔流到海不复回"。中国"巨型孤岛"是东低西高，黄河、长江的发源地在青藏高原，二者必然会滚滚向东流入大海。

受到亚洲季风的影响，中国的降雨量集中在夏季，夏季黄河、长江容易泛滥成灾，特别是黄河。根据美国学者罗兹·墨菲著的《亚洲史》，有所谓季风亚洲的概念，该地区与亚洲其他部分之间多有高山阻隔。夏季，远离海洋的亚欧大陆中央区会迅速升温形成热空气团，热空气上升，周围海洋饱含水蒸气的较冷空气涌入，到达陆地上空，特别是遇到丘陵或高山时，被迫上升的湿气团迅速冷却、凝结形成降雨。

其他古老文明都造就了巨大的建筑，考古学家一直在寻找中国的"金字塔"，但结果令人失望。黄河的周期性泛滥使强大的夏酋邦为了挽救华夏部落，必须开展波澜壮阔的治水工程，而无力和无心建造大型建筑，从而其宗教仪式感不强。中国人在苦难面前，"什么都不信"，战天斗地，务实进取。这是历史的遗憾，也是历史的选择。

为什么中国人春节要回家过年？我大胆猜测其原因是，为了与洪水搏斗，人们必须长期在外，当冬季来临，治水工程无法进行，于是就回家团圆了。

《史记·夏本纪》记载禹治水时写道"劳身焦思，居外十三年，过家门不敢入"，其刻苦精神得到后世传颂。春天播种，夏天收获，秋天治水，冬天回家，或许是当年中国人的生活节奏。

为什么中国文化对"吃"如此看重？例如，岗位叫饭碗，谋生叫糊口，受雇叫混饭，混得好叫吃得开，受人欢迎叫吃香，受到照顾叫吃小灶，花积蓄叫吃老本，受人伤害叫吃亏，男女嫉妒叫吃醋，犹豫不决叫吃不准，办事不力叫吃干饭，事儿办砸了叫吃不了兜着走。黄河泛滥往往导致严重饥荒。学者王建华（2011）发现，二里头时代人口规模的大幅下降，估计与黄河泛滥成灾有关。饥荒的记忆为民族文化打下深深的烙印。

所以，中国的地理环境是苦难并幸运的。一方面，黄河、长江的生态弹性使中华民族免予受到像新月沃地和东地中海地区农业社会那样的灭顶之灾；另一方面，生态平衡的破坏导致黄河周期性堵塞，让中华民族吃尽苦头。中华民族"好吃"而不懒做，务实而不僵化，包容又有底线，出行千里也要回家过年。中华民族文化中只知道幸福，不知道快乐。快乐转瞬即逝，唯有疼痛铭记于心。中华民族在童年岁月就饱经风霜，是如此的不平凡。

夏酋邦的文化后果：大一统

孟子说，"天将降大任于斯人也，必先苦其心志，劳其筋骨，饿其体肤"。鲧采用"堙障"的办法，修筑堤坝阻挡洪水。但所修筑堤坝屡屡被洪水冲垮。鲧在九年时间里耗费大量的人力、物力，也未能制服水患。禹是鲧的儿子，鲧死后，禹受舜任命，继任治水的工作。他吸取父亲治水失败的教训，由单纯筑堤堵水，改为疏导洪水，终于制服了洪水。

禹治水的成功不光得益于创新，也得益于作为国家前身的酋邦的出现。从部落演进到酋邦是人类社会在农业革命后的共同趋势。无论是埃及的金字塔、复活节岛上的巨石雕像，还是南美洲丛林中的玛雅人金字塔，这些让现代人叹为观止的史前浩大工程，都显现出酋邦比部落更有组织动员能力。每当遇到水害，都需要聚集大量的人力资源。面临灭顶之灾时，群体内部就需要高度整合，统一号令。这样支配权力必须高度集中，没有讨价还价的机会和可能。由于禹治水有功和农业生产的发展，夏部落的力量增强。《史记·五帝本纪》中这样表述：由于共工、欢兜、三苗、鲧有罪，"于是舜归言于帝，请流共工于幽陵，以变北狄；放欢兜于崇山，以变南蛮；迁三苗于三危，以变西戎；殛鲧于羽山，以变东夷"。随后舜又派禹去讨伐三苗。禹屡败三苗，将三苗驱赶到丹江与汉水流域。《墨子·非攻》中说道禹克三苗后，"别物上下，卿制大极，而神民不违，天下乃静。"这可以说明在禹治水与讨伐三苗胜利后，夏部落已成为部落联盟首领。

夏部落凭借较大的群体规模，更严密的社会组织和权力系统，更高效率的社会动员能力和军事能力，逐渐向其外围扩张，终结了万邦时代，最终导致一个酋邦的建立。舜把帝位禅让给禹，禹在涂山召集部落会盟，再次征讨三苗。《左传·襄公七年》中有"禹合诸侯于涂山，执玉帛者万国"的记载。"万国"都参加了涂山会盟，夏部落的号召力由此可见一斑。《史记》中没有关于涂山之会的记载。《史记》云，"夏之兴也以涂山"。正是涂山之会表明万邦时代正式被酋邦时代所取代。去朝见酋邦邦主禹的人手里都拿着玉帛，仪式十分隆重。《后汉书》中也有"至于涂山之会，诸侯承唐虞之盛，执玉帛亦有万国。是以山海经称禹使大章步自东极，至于西垂，二亿三万三千五百里七十一步"的说法。在会稽部落会盟时，防风氏首领迟到而被禹处死。据说，长江三角洲悠闲浪漫的良渚部落因不服从禹而遭到沉重打击，从此一蹶不振。古文献中亦记载禹以诸侯部落路途的远近来区分纳贡的多少，这表明酋邦的控制已经很严密了。

可以推断，中国在夏酋邦时代就已经形成了华夏族赢者通吃的局面。赢者通吃的情况在历史上也时常发生。例如，罗马是从城邦发展起来的，起初规模极小，但是随着不断吞并和扩张，后来成为横跨欧亚大陆的罗马帝国。俄罗斯曾是一个以莫斯科为中心的地窄人稀的斯拉夫国家，公元 1582 年后才开始向乌拉尔山脉以外的地区扩张。从那时起的 200 年内，它建立了一个庞大的帝国。戴蒙德在《枪炮、病菌与钢铁：人类社会的命运》一书中指出，"中国的不同之处仅仅在于它在早很多的时候便已统一了。它的'中国化'就是在一个古代的民族大熔炉里使一个广大的地区迅速单一化，重新向热带东南亚移民，并对日本、朝鲜以及可能还有印度发挥重大的影响。因此，中国的历史提供了了解整个东南亚历史的钥匙"。

"中华文明探源工程预研究"以公元前 2500 年至公元前 1600 年的中原地区为工作的时空范围，探源工程第二阶段得出了与上述一致的发现：多元化趋势在公元前 2000 年前后发生了重大变化，中原地区华夏文明独秀于林的局面逐步形成。中原地区夏商王朝的文化向周围辐射，各地的文化和社会的发展被逐渐纳入以中原王朝为中心的轨道，融入中华文明的大熔炉之中。

如果把中国和世界上其他国家作一个对比，使人印象深刻的就是它的"大一统"。世界上绝大多数民族经历的社会都是以分裂割据状态存在的。欧洲本土在中世纪时，碎裂为几百个甚至上千个细小部分。中国的"大一统"是地理环境造成的。在中国有两个新月沃地，造就了一个炎黄联盟。从土壤条件而言，黄河流域具有优越的条件，华夏族总人口可能在当时总人口 1000 万人的一半以上。黄河流域之所以成为古代中国文明的摇篮，就是由于人类在这里要应付自然环境的挑战。生于忧患，死于安乐。同恶劣气候和洪水泛滥的斗争，使得华夏族的治水历尽了无穷的磨难，但就是靠着这种自强不息、愈挫愈勇的梅花精神与创新求变的牡丹精神，华夏族顽强地繁衍生息，并建立了一个统一万邦的强大夏酋邦时代，为有文字的商代的横空出世奠定了基础。

华夏族之所以能够在各部落竞争中胜出，主要还是得益于农业的良好基础和较强的文化传承性。华夏族开放包容，重文化融合，不以血统论民族，所谓"诸夏而夷狄，则夷狄之。夷狄而进于诸夏，则诸夏之"，华夏族逐级容纳其他少数民族，构成了中华民族的前身。所以中华民族一方面是由炎黄部落联盟确立的文化形态所培育而成，另一方面是在不断吸收与扩大中，丰富着中华文化的内容，以融合成一个更大的民族。

为什么中国能"大一统"？中外历史学家无不为中国社会里能够存在如此强大的统一力量而感到惊愕。与欧洲大陆相比，中国有两块相邻的巨大的"新月沃地"，它们养育了炎黄部落联盟，使其成为华夏族的前身，命中注定了中国"巨型孤岛"在文化形成初期就归于文化统一，不会像欧洲在罗马帝国崩溃后，就再也没有机会复合了。在新石器时代，中国和西方都幸运地发生了农业革命。秦汉与东西罗马帝国处于同一人类发展阶段，几乎同时由于财政原因或创业精神的消逝而崩溃。罗马帝国统一的业绩不过是黑暗中的一道闪电，虽说惊人，但十分短暂。在公元220年东汉灭亡后，中国经历了魏晋南北朝长达几百年的分裂，而后又奇迹般地复兴，建立了统一的隋唐帝国。黄仁宇说，"魏晋南北朝的长期分裂，在中国历史里只发生过这么一次"。因此，中华文明的历史总体是延续不断和具有高度愈合修复能力的。崩溃几百年后中国出现了隋、唐、宋，唐与秦汉明显不同，是一个文化奇葩。由于唐代的横空出世，中华民族进一步弘扬了大气、包容、富贵且个性化的牡丹精神。

历史上许多帝国都是在各民族独特文化形成后才建立的，已经不大可能形成一个统一的文化。中国是先有文化统一，进而产生了持久的凝聚力，才有国家的最终形成。马丁·雅克以深邃的目光透视了中国发展模式和西方发展模式的异同，在《当中国统治世界：中国的崛起和西方世界的衰落》一书中总结道，"最后，中国还有一个最重要的特征，那就是她的统一性。西方曾一度普遍认为，中国将会以一种类似于前苏联的方式解体。这种观点源于对中国根本性误读的基础上。两千年来，中国的疆域一直相对稳定。当罗马帝国分裂成众多小国的时候，中国正朝着相反的方向发展，她统一的进程一直持续至今，尽管历史上曾出现过很长时期的割据现象。所以，中国可以成为一个容纳多民族的统一国家。这深深地影响了她对世界其他国家的认识，也为她提供了（至少是潜在的）特殊的力量"。

第六章

全球化时代的光荣与梦想

谁都不是一座孤岛，任何人的死亡都使我受到损失，因为我包孕在人类之中，所以不要问丧钟为谁而鸣，它就是为你而鸣。

——约翰·邓恩

走出国花评选的"囚徒困境"

中国是世界上唯一没有国花的大国，但中国国花的推选在梅花和牡丹的"两选一"上僵持不下，一拖就是三十多年。然而，形势逼人，时代召唤国花的产生。

全世界约有花卉 3 万种，原产于我国的花卉有 1 万～2 万种，包括梅花、牡丹，其栽培历史都很悠久。梅花与牡丹是中华大地孕育出的独特品种。从民族国家兴起后，中国"花"文化与审美在选择上具有高度的一致性。1903 年，清朝敕定牡丹为国花；1915 年版《辞海》载"我国向以牡丹为国花"；1929 年，国民政府将梅花定为国花。1949 年新中国成立以来，特别是改革开放后，形成了两次国花评比高潮。

第一次高潮发生在 20 世纪 80 年代初。在对国花的讨论中，兰花、菊花、荷花等也都曾被广泛讨论，但最后都集中在梅花和牡丹上。早在 1982 年，北京林业大学园林学院教授、花卉专家陈俊愉院士，就首次发表文章倡议以梅花为中国的国花。1988 年，他又主动提出以梅花、牡丹作为中国的双国花。1994 年，根据全国人大八届二次会议第 0440 号"关于尽快评定我国国花的建议"，农业部向全国人大提出关于尽快评定我国国花的议案，全国人大常委会责成中国花卉协会负责评选活动的具体组织实施。评选领导小组的最终意见是以牡丹为国花，其他呼声较高的兰花、荷花、菊花、梅花为四季名花。由于梅花落选，引起争议，在 1995 年的全国人大八届三次会议上国花评定没有结果。

第二次高潮发生在 2005 年。在当年的全国"两会"上，来自武汉的 9 名全国政协委员联名提出议案，"将梅花定为中国国花"。而与此同时，来自河南洛阳和山东菏泽的全国人大代表则再度提出"尽快将牡丹确定为国花"。2005 年 7 月 22 日，当时 62 名中国科学院、中国工程院院士联合倡议，呼吁尽快确定中国的国花，并提出将梅花、牡丹确定为双国花的建议。双国花的签名支持者之一、中国农业科学院方智远院士对双国花的好处做了较好概括：梅花是坚贞不屈的精神象征，代表精神文明；牡丹意寓富贵，代表经济繁荣。梅花产于华南，牡丹生在华北。一南一北

168

双国花，既有精神文明，又有物质文明，且有利于一国两制。国务院参事、风景园林学家刘秀晨 2009 年建议，"一国两花好——梅花和牡丹"。

可以说，在我国过去两次国花评选高潮中，牡丹、梅花胜过群芳，拥有前两名的呼声，而且梅花与牡丹的两花支持率总和高达 80% 左右，其他名花支持率仅仅在 20% 左右，可谓"弱水三千，只取一瓢饮"。

但国花评选活动中，"梅花派"和"牡丹派"针锋相对、旗鼓相当、势均力敌，谁都无法让对方出局。这种僵局自 20 世纪 80 年代以来，在国花评选中重复地上演着，成为经典的"囚徒困境"。囚徒困境（Prisoner's Dilemma）是博弈论的非零和博弈中具有代表性的例子，反映某个地区最佳选择并非国家整体的最佳选择。但可悲的是，为某个地区的利益选择一种花，不符合中国的整体利益，会导致社会福利的严重损失。如果"美丽中国"和"和谐世界"迟迟没有国花点缀，不但是历史性的遗憾，也是软实力的悲哀。

怎么样解决国花评选活动的"囚徒困境"，从而达到"好"的纳什均衡，而不是"坏"的纳什均衡即"囚徒困境"呢？纳什均衡是这样一种均衡：在这一均衡中，每个博弈参与人都确信，在给定其他参与人战略决定的情况下，他选择了最优战略以回应对手的战略。也就是说，所有人的战略都是最优的。

从博弈论角度看，为达到"好"的纳什均衡，就必须增强"梅花派"和"牡丹派"双方的互相信任，或双方有一个共同的信念。这个信念就是对中华文化的自觉和认同。换句话说，解决国花评选困境的出路在于不能"就花而论花"，这样会出现"只见树木，不见森林"的现象。他山之石，可以攻玉。走出"囚徒困境"出路在于把国花与中华文化结合起来，在中华民族文化复兴与和谐世界建设的大背景下，找到文化认同，从而增加互相信任，"相忍为国"，这样一来凝聚更广泛的社会共识，国花问题就迎刃而解了。但文化集体知觉不容易。所以，出现梅花与牡丹之间国花争议的"囚徒困境"的根本原因在于文化自觉与认同还远远不够。我们生活在历史上最为丰裕的时代，但我们的文化意识却经历了历史上最为迷茫的时期。

许多文化学者从文化角度对国花做了有益的探索。如程杰（2003）主张，"牡丹、梅花两花并仪，即两花并列为我国国花，这是由两花旗鼓相当的历史地位和悠久深厚的文化积淀所决定的。追溯历史，牡丹与梅花的文化地位是分别由唐、宋两代奠定的"。

　　我觉得因果关系必须正确。中华文化以其独特的魅力和感染力，春风化雨，创造着一代又一代美丽中国人。在《中国文化与中国人》一文中，钱穆认为："本来是由中国人创造了中国文化，但也可以说中国文化创造了中国人，总之，中国文化在中国人身上。"恰是中华文化选择了梅花与牡丹，不是梅花与牡丹选择了中华文化。所以，选择国花必须先了解中华文化，要了解中华文化，必须回到远远早于唐宋的中华文化的起源。

　　任何文化基因都深深埋藏于久远的历史之中。中华民族从远古时代走来，那远古时空渐渐深邃暗淡，但历史的烟尘遮蔽不了文明的曙光。地理禀赋的不同决定了中国与其他各个大洲发展的不同，中华大地创造了中华文化，中华文化由于地理多样性，发生了"同源变异"，群星璀璨。相比较而言，地理简单的国家，文化往往比较单一，很容易评选出自己的国花，如澳大利亚的金合欢、荷兰的郁金香、法国的香根鸢尾花、德国的矢车菊、泰国的睡莲等。钱穆曾形象地比喻，中国是一个大家庭，他能具备好几个摇篮，同时抚养好几个孩子，这些孩子成长起来，其性情习惯自然与小家庭中的独养子不同。

　　国花的抉择是时代的呼唤。尽管"双国花"的建议还没有被接受，国人在梅花与牡丹上的文化审美偏好已经很明确，不会有第三种选择了。"梅花派"和"牡丹派"若都放弃各自的坚持，选择梅花与牡丹作为国花评选的最佳策略，就自然走出"囚徒困境"，达到"好"的纳什均衡了。还有什么比梅花与牡丹更好的选择吗？

梅花香自苦寒来，牡丹芳自包容出，这是祖先赐予美丽中国的两个多么相得益彰、两全其美的自然造化。中国人可以通过"梅花与牡丹"双国花来陶冶情操，"梅花与牡丹"可以在中国人的文化自觉与认同中点缀美丽中国，中国人可以在国际文化交流中开展"国花外交"，共同建设和谐世界。

我们的祖国是花园

"我们的祖国是花园，花园的花朵真鲜艳"，这是 20 世纪 70 年代在幼儿园时耳熟能详的歌词，给当时的孩子们带来多少憧憬。美丽中国应是有美学意境的生态环境。中国园林艺术在审美上的最大特点是有意境。梅树可丛植、群植，形成梅山、梅岭、梅溪等独特风景。中国公园和庭院若没有梅花，就会在江山如此多娇中少了几分雪月空明的诗情画意。王安石的《咏梅》一诗让人对这样一种隐逸审美文化的园林景观有强烈的憧憬，"墙角数枝梅，凌寒独自开。遥知不是雪，为有暗香来"。若没有缤纷盛开的牡丹装扮公园和庭院，便少了几多花鸟缠绵、争奇斗艳的个性化浪漫，如唐代舒元舆《牡丹赋》中所描述的，"美肤腻体，万状皆绝。赤者如日，白者如月。淡者如赭，殷者如血。向者如迎，背者如诀。拆者如语，含者如咽。俯者如愁，仰者如悦。袅者如舞，侧者如跌"。梅花与牡丹能陶冶情操、培养情趣，静静融化在心底，绵延悠长。有梅花与牡丹点缀美丽中国，正印证了陶渊明所说的："此中有真意，欲辩已忘言"。

走出史前时代后，中华民族就把"梅花与牡丹"的文化融入自己对花的审美选择中。梅花有着中华民族所具有的坚韧不拔、高洁傲岸的品质。南北朝掀起了欣赏梅花的"第一次浪潮"。到了唐代，经济空前繁荣，突然间产生了跨越地理环境和时代的文化魅力，牡丹热兴起，舒元舆在《牡丹赋》中写道，"使其花之如此而伟乎，何前代寂寞而不闻，今则喧然而大来？"白居易也在《牡丹芳》中写道，"花开花落二十日，一城之人皆若狂"。

梅花点缀长江流域，南达海口，北以内蒙古为界，西北则以西安为限，现经抗寒引种和选育，已在超过北京的纬度落地开花了。牡丹装扮黄河流域。一乔木一灌木，一国两花，才能覆盖黄河、长江的辽阔壮美河山。

若全国各地都精心栽培，成片种植，数千枝梅花与牡丹同期怒放，就会形成强大视觉震撼，必然成漫山遍野燎原之势，或郁郁葱葱中夹着万紫千红，或庭院深深处显现落花缤纷。大规模种植梅花与牡丹，会有审美情趣和文化气势的双赢，这自然就成了美丽中国的时代景观，有了全民"粉丝"追捧的气氛，自然就成了"盛事丽景"。每年"双国花"盛开时节，全世界的许多游客也会慕名而来。

美丽中国怎么能没有国花的点缀呢？美丽中国会是一个郑重迎接国花盛开的国度，对梅花与牡丹的喜爱会更加成为一种国民文化情结，这可能是中华民族审美情趣的巅峰体验。梅花花期从每年12月至次年5月，梅花由南至北依次开花，观赏期可达5个月之久，从春节到五一劳动节可观赏梅花，人们便携家带口或者呼朋引伴，在梅花树下占上一隅，可谓"众芳摇落独暄妍，占尽风情向小园"；通过现代科技，可以人工控制牡丹花期，将牡丹花期和整体观赏时间延长到深秋。从五一劳动节到国庆节可观赏牡丹，人们可以在牡丹花丛边喝酒谈天、载歌载舞。梅花绽开，独立风雪，"待到山花烂漫时，它在丛中笑"；牡丹盛放时千姿百态，待一朝飘落，带来对绚烂归于平淡的生命感动。高铁贯通南北，何尝不会有"春风得意高铁快，一日看尽双国花"的盛世佳话呢？

"梅花与牡丹"会带来花卉产业和相关文化创意产业的跳跃式发展，创造大量的就业机会。一旦梅花与牡丹得到"国花"的尊荣，与其相关的音乐、绘画、工艺等文化创意和服务业的发展将得到前所未有的重视，经济效益是不可估量的。

作者：洪祖杰　央行美协副主席

点缀和谐世界

"酒香也怕巷子深"。经济带来富裕，有输出途径的文化才能带来更多理解和尊重。梅花与牡丹产业进军国际市场的潜力和空间是很大的，经济价值将十分可观。陈俊愉院士曾说，"在中国将一枝蜡梅剪下来可能只能赚很少的钱，但如果把这枝蜡梅装上飞机运到旧金山，运到巴黎去的话，那么就可以价值几十美元或者几十欧元。所以我们要尽快启动和发展二梅产业"。中国的牡丹有一个国际传播的基础。达尔文在《物种起源》一书中，以中国人工栽培创造新品种为例，将牡丹作为"自然选择与人工选择学说"的论证材料。世界各国人民也非常珍爱牡丹。在 8 世纪，牡丹已传入日本，1330 年传入法国，17 世纪传入西方后，牡丹被誉为"中国花"，至今已有 20 多个国家栽培中国牡丹。

继"中国制造"在全球崛起后，"中国服务"开始发力。一个文化强国必然是一个文化贸易的大国，文化的对外感染力要通过文化贸易来体现。如韩国的《江南 Style》在全球范围内流行，体现了韩国在文化上的努力。然而，在中国国际收支账户中，商品贸易是顺差，包括文化等产品的服务贸易是逆差。随着中国服务业的发展，有必要防止出现服务贸易特别是文化贸易逆差过大的不可持续情况。北京大学教授王岳川说，"一个世纪以来的中国学者并不缺乏勤勉，然而在文化拿来与文化输出的天平上，出现了惊人的失衡，由此导致的文化逆差令人扼腕。时至今日，中国如何向世界有效推出自己的整体文化形象依然是亟待解决的问题"。无论如何，在全球化文化竞争与对话时代，有效输出中华文化、展现中国话语权和价值观，对经济总量十年后可能成为世界第一的国家来说意义深远：一方面可以减少文化贸易逆差，另一方面可以最大限度地减少世界不同文化对中华文化的误读，并使中华文化获得善意的理解。

在世界各国文化中，"花"都是个极其重要的意象，具有普遍意义，也是一种独特的世界性视觉语言。输出文化可以从输出梅花与牡丹开始。让梅花、牡丹开遍世界，不仅是让世界各国的人看花看景，更是以一种柔性低调方式来宣传中华文化。

润物细无声。中国不光可以赠送大熊猫，也可以根据地理和气候，把梅花与牡丹作为礼物广赠他国，国花的海外旅程可以折射出中国对外交往中的柔性力量。百年前日本就开始"樱花外交",不管对美国还是对中国,或者对东南亚其他国家,日本都非常注重公共外交,如今在法国巴黎、美国华盛顿,甚至在樱花树种并不适合生长的越南河内,每年4月间都会迎来"樱花节"。为什么国外不能有"梅花节"和"牡丹节"呢?

面对一个多极文化的世界,通过输出中华淬炼万年的梅花与牡丹文化,就是要告诉世界,中国是与人为善的,是低调平和、温文尔雅的;中国人民历来崇尚"和而不同"的理念,显示出一种对文化多样性的包容与理解。同时,梅花与牡丹的精神也是世界在债务危机和增长停滞不前挑战下应弘扬的共同精神品格。也许,不畏严寒、怒放枝头的梅花展示出的坚韧不拔与艰苦奋斗是人类共同欣赏的品质;也许,一丛丛绚丽多姿的牡丹,张扬的是人类共同的个性奔放和对多样性的包容。

人人心中都有梅花与牡丹

文化之重要性并非只是体现在国家和民族上,也体现在每一个人身上。孟子说:"人有恒言,皆曰:'天下国家'。天下之本在国，国之本在家，家之本在身。"一万年后，"丰裕社会"壮观地回归中华大地。过去是"讨生活"，现在是"奔日子"。"奔日子"的中国人不能"不解风情"。钱穆说，"在今日世界尚未达到大同以前，我们当做一个像样的中国人。我们过去的失败，并不在体力上、知识上、智慧上比外国人差，而是不知道怎样做一个当前理想中国人。"

一个理想的中国人就是美丽的中国人。美丽的中国人应有高度的文化智商，努力理解中华文化气质。美丽的中国人应既有浩然风骨，又有海纳百川的风范。

文化寻根是文化苦旅。受地理因素主导的中国没有文字的史前史奠定了中国的文化基因。黄河上游的关中平原与中下游的华北平原是两个"大摇篮"，分别孕育了炎帝部落和黄帝部落。炎帝部落以创新著称，可称为"牡丹部落"；黄帝部落由于在黄河中下游，面临黄河泛滥的挑战，必须与洪水作斗争，以吃苦耐劳著称，可称为"梅花部落"。炎黄部落的联盟决定了中华文化的两个主要基因，那就是"梅花与牡丹"。炎黄部落的联盟形成了华夏部落。由于华夏部落人口增加，生态被破坏，黄河中下游周期性泛滥，于是有了大禹治水。面对滔滔洪水，大禹从鲧治水的失败中汲取教训，改变了堵的办法，对洪水进行疏导，表现了"牡丹精神"；大禹为了治理洪水，长年奋战，置家庭于不顾，三过家门而不入，体现了"梅花精神"。大禹率领的华夏部落在治水中既艰苦卓绝，又敢于创新，进一步弘扬了炎黄部落联盟的"梅花与牡丹"精神。大禹治水后，华夏部落凭借黄河流域两大平原的经济优势和"梅花与牡丹"的文化优势，在中国"巨型孤岛"内占据了压倒性优势，万邦归于酋邦。毫无疑问，中国史前史造就了以"梅花与牡丹"为最佳形象化代表且能风险对冲的中华文化，从而形成了路径依赖和强大文化惯性。

《菊与刀》对日本文化觉醒起了关键性作用。在儒、佛、道等共存包容的文化中国，"梅花与牡丹"也应当能起一点儿凝聚共识的作用。

在中国经济发展中，充分体现了"梅花与牡丹"精神，中国经济发展拥有强大的文化资本。中华民族吃苦耐劳，长期保持高储蓄率，这是支撑中国经济高速增长的重要因素。但高储蓄率只是支撑中国经济增长的必要条件，人们越来越意识到多样化的需求和消费对经济可持续健康发展的重要性。特别是随着中国进入老龄化社会，经济增长的动力会发生根本性改变。在摆脱严重的物质匮乏之后，丰裕社会来临了，服务业加速发展，对消费的多样性追求和文化消费开支的扩大，要求经济发展必须转变过去以资本投入为主的增长模式，转向追求创新和以需求为导向的增长新路径，而这就要求中国经济更加彰显出牡丹精神。"牡丹精神"是创新求变和海纳百川的包容精神，增加了每个人的选择机会，是创新和创业精神。

　　梅花与牡丹精神也更好地在中华女性身上得到体现。在狩猎采集者群体中，男人追逐野兽，妇女采集蔬菜，完成大部分的烹饪工作。在当今知识经济来临的全球化时代，由于男性的狩猎优势已经不存在了，而女性采集的优势可以在知识社会继续发挥作用，因而人类社会可能逐渐会向"亚母系社会"过渡。由于中国的"一胎制"，约一半只有女儿的中国家庭即使有重男轻女观念也别无选择，只能对女儿集中精力培养，这加速了中国女性的人力资本积累，所以首先进入"亚母系社会"的必定是中国。2012 年，马未都参加凤凰网读书会，从社会文化传承、伦理道德等方面发表了自己的看法，并且认为一百年后的社会是女性的社会。他说，"因为今天的社会革命，信息和科技的两大革命导致女性的地位急剧提高。我可以荣幸地告诉大家，一百年以后，这个社会就是女性的社会，男性都靠边了。我们可以发现，全世界女性领导人在急剧增加，这是过去都没有的事情，女性的地位在急剧提高。这是一个社会趋势，我们一定要看清趋势。你如果能把社会趋势看清，生活起来就相对容易"。在关于中国崛起的故事中，最梦幻的一个或许要数尼尔·斯蒂文森（Neal Stephenson）的《钻石时代》（*The Diamond Age*）。作者在这本书里渗透了一个观点，即受过超级教育的中国女人可能会拯救世界。首先生活在"亚母系社会"的中华男性，会是幸福与失落相互纠结的。

有言道："闻道者百，悟道者十，行道者一。"美丽中国人需要在内心世界和外在表现上言行一致，知行合一。服装是承载文化的有效途径。"华服"可以学习日本和服和印度的莎丽，以此来传播中华文化内涵。寻找中国服饰文化的历史源流，可发现如黄帝时的"胡曹作衣"。和服是日本人的传统民族服装，也是日本人最值得向世界夸耀的文化资产。印度女性服装色彩艳丽，传统服装主要有莎丽。莎丽有各种质料，有的富丽华贵，有的典雅大方，有的鲜艳夺目，有的素雅怡人。可以考虑将绣有梅花与牡丹图案的旗袍作为"华服"的代表之一。

每个中国人心中都有梅花与牡丹。梅花与牡丹或能成为文化复兴的催化剂。从历史里探求本源，从文化瑰宝中去找寻精神家园，在时代的变迁中肩负起传承中华文化的历史责任。

为人类社会灌注时代精神

1993 年，美国著名学者萨缪尔·亨廷顿在《文明的冲突与世界秩序的重建》一书中认为，冷战后世界格局的决定因素表现为七大或八大文明，即中华文明、日本文明、印度文明、伊斯兰文明、西方文明、东正教文明、拉美文明，还有可能存在的非洲文明。冷战后的世界，冲突的基本根源不再是意识形态，而是文化方面的差异，主宰全球的将是"文明的冲突"。该书发表 20 年后，文明的融合增加了。"王庆悖论"表明，文明的冲突由于亨廷顿预测其可能发生反而减少了发生的可能性。

的确，进入 21 世纪以来，世界进入多元文明的时代，有许多不同的文化和文明并存。2001 年联合国教育、科学及文化组织大会第三十一届会议通过的《世界文化多样性宣言》指出："文化在不同的时代和不同的地方具有各种不同的表现形式。这种多样性的具体表现是构成人类的各群体和各社会的特性所具有的独特性和多样化。文化多样性是交流、革新和创作的源泉，对人类来讲就像生物多样性对维持生物平衡那样必不可少。从这个意义上讲，文化多样性是人类的共同遗产，应当从当代人和子孙后代的利益考虑予以承认和肯定。"

人类创造自身，又因文化迥异。不同民族在数千年的历史变迁中，经过岁月的淘洗，都积淀下了风格迥异但灿烂多彩的文化。在全球化势不可当的今天，各民族文化融合程度日益加深和文化呈现多样性这两种趋势将长期并存，"和而不同"是新常态。中华文化追求"己所不欲勿施于人"。正如胡锦涛在耶鲁大学演讲时所说，"文明多样性是人类社会的客观现实，是当今世界的基本特征，也是人类进步的重要动力"。许倬云强调，"中国的主要精神在于文化中的宽大与包容，而非拒绝与对抗。我很希望中国文化所代表的宽大、包容的精神能继续传承下去，以促进世界的和平"。

在尊重人类文化多样性和各国文化平等对话的今天，我们的眼光应该放在如何化解 21 世纪人类所共同面对的冲突和危机上。在谈到 1914 年第一次世界大战以前的世界时，凯恩斯在《和约的经济后果》一书中说："在这些欢乐的年代里，我们丧失了政治经济学的建立者们所具有的那种包含深刻思想的世界观。18 世纪之前，人们并不抱有虚妄的希望。18 世纪后期，这种幻想开始流行起来，为了平息这些幻想，马尔萨斯揭露了一个恶魔。在半个世纪里，所有严肃的经济学著作都对这个恶魔做出了清晰的展望。在接下来的半个世纪里，这个恶魔被我们控制住并淡出了人们的视野。"这个恶魔就是"马尔萨斯人口陷阱"。在马尔萨斯"忧郁经济学"褪色之后，世界经济出现 1929—1933 年的大萧条。第二次世界大战后，世界经济经历了前所未有的高增长。人们集体性失忆了，处于非理性乐观状态，忘却了经济生活存在的巨大危险。2007 年爆发的国际金融危机已经过去 7 年了，欧盟和日本在长期停滞的边缘奋力挣扎，新兴市场在全球流动性大潮退去的时候风雨飘摇，美国经济强劲复苏，但已经是"小马拉大车"，指望其带动全球经济复苏是勉为其难。中国经济则继续乘风破浪，但也因规模和影响尚小，难以驱动全球经济。在这大分化的阶段，2012 年全球公共债务/GDP 的比例已经高达 80%，发达国家公共债务/GDP 的比例甚至超过 100%，而且在继续加大，全球经济可能跌入债务陷阱的深渊而难以自拔。

全球经济愈来愈脆弱。人们普遍感到忧郁和沮丧，焦虑情绪席卷全球，克服困难的时代精神明显缺乏。《经济学人权威预测：2050 趋势巨流》一书中预测，全球人口将在 20 年内增长到 90 亿人（其中超过一半生活在城市），与此同时，伴随着深刻的技术和产业变革，会出现自然灾害频发、社会冲突升级和气候变暖等严重问题。在不断变化、多极、多维度的全球系统中，全球思维和教育无法应对系统之间相互作用带来的同时变化，必须反思经济和政治理论。除此之外，老龄化在主要经济体是大趋势。根据联合国的人口预测，以全球整体而言，当中年人口数量开始多于年轻人口数量时，全球经济可能无力抵御通货紧缩的冲击。

提出"轴心时代"概念的德国哲学家雅斯贝尔斯在 1930 年即上一次国际经济危机时曾深邃地指出，"关于人类当代状况的问题，比以往任何时候都更为紧迫。一方面，我们看到了衰落和毁灭的可能性；另一方面，我们也看到了真正的人的生活就要开始的可能性。但是，在这两种互相矛盾的可能性之间，前景尚不分明"。

中华民族在"塔斯马尼亚岛"几乎被隔绝的漫长岁月后，终于迎来了今天融入全球化进程的时代，而且复兴的坚毅脚步无法被任何"半渡而击"式的干扰所阻挡。假如中国真如预期那样，成为世界上最大经济体，中华民族可以给世界什么？这是我们今天要系统思考和准备的问题。

郑永年在《中国能否为世界提供另一个文化范式?》一文中认为:"中国尽管也属于东亚,在发展的很多方面也类似于东亚,但较之日本和'四小龙',中国更具有自己的文化特色。东亚经验表明,中国尽管存在着很大的可能性创造一种不同西方的文化话语,但这会是一个长期的和艰巨的任务,不会一蹴而就。"我与金海年发明一个新词,"中国化"(Chinal ization),来形容这一渐进过程。"中国化"将是全球化的强大动力之一,是更加包容开放的全球化。

　　和谐世界和文明进步是人类的共同追求。俄国著名作家陀思妥耶夫斯基说过:"真正伟大的民族永远不屑于在人类当中扮演一个次要角色,甚至也不屑于扮演头等角色,而一定要扮演独一无二的角色。"中华民族的天赋使命就是以坚毅勇敢和开放包容的民族精神为人类社会灌注时代精神,帮助全球经济和社会克服困难和挑战,使其重新振作起来。人类社会在"梅花与牡丹"文化资本的积累下,才能保持持续发展的生机与活力。更具体地说,在全球债务危机和许多国家政府债务居高不下的时候,强调梅花精神,就是要提高储蓄率和减少财政赤字,这对世界有积极意义。在社会冲突不断的世界中,强调开放包容的牡丹精神,也是有普遍意义的。

己立立人，己达达人。人类在面对危机的过程中，将会发现自己还有一种更强的能力，那就是带有中华印记的梅花与牡丹的时代精神，当这天来临时，人类文明将迈向一个新的纪元。

第七章

大国兴衰之谜：盛世悖论

中华民族到了最危险的时候。

——《义勇军进行曲》

终将消逝的梅花精神

人类文明的历史长河波澜壮阔，跌宕起伏，大国如流星划过夜空，昙花一现。美国著名经济学家曼库尔·奥尔森在《国家兴衰探源》一书中观察到，"无数历史事实表明：伟大的成就往往由最卑贱无名的部落所创造。登上地中海文化高峰的并非庞大的埃及帝国而是先前无人知晓的爱奥尼亚半岛上的居民。征服辉煌的希腊城邦帝国的罗马人，原来也是不受重视的蛮族。19 世纪主宰全世界的西方基督教国家，脱胎于落后与混乱的中世纪欧洲社会，当时它们甚至无力抵御回教徒、马扎尔人与北欧海盗的侵略。而在西欧境内，领导西方进步潮流的往往又是那些地处边远而过去十分落后的国家：17 世纪欧洲发展的中心在荷兰北部诸省，该地一向贫困落后，而且长期受西班牙的统治；18 世纪到 19 世纪初，工业革命最初在英国兴起，而不是发生在当时最富贵豪华的法兰西。到 19 世纪后半叶，达到帝国兴盛顶点的英国却不得不将深入进行工业革命的领袖地位转让于过去一直处于沉睡之中的德国与遥远的美洲前殖民地——美国"。希腊古代历史学家希罗多德（Herodotus）在总结当时希腊城邦兴衰史时曾经指出，繁华都市的衰亡与弱小城邦的崛起，雄辩地说明了一个结论，即好景从来不久长。

"大国崛起"曾经是举国热议的话题，而"大国衰落"的话题则让人沉重，如"房间里的大象"，人们倾向于集体保持沉默。

"盛世悖论"是指，由于一个国家或民族有艰苦创业的梅花精神，所以开创了牡丹时代，但由于代际间存在"布登勃洛克效应"，所以在牡丹时代梅花精神逐渐被消磨掉。由于梅花精神的消失，这个民族或国家又陷入停滞或危机之中，盛世就不复存在了。人们孜孜以求盛世的来临，反而导致盛世的最终消亡。这有点儿类似经济学中的"巴拉萨—萨缪尔森效应"，该效应指当制造业（贸易部门）生产效率迅速提高时，该部门的工资增长率也会提高，会吸引服务业（非贸易部门）的劳动力向制造业转移，导致服务业劳动力短缺，这会引起服务业产品对制造业产品的相对价格上升，从而使总价格水平上升，引起实际汇率上升，这反而削弱了制造业的国际竞争力。巴拉萨—萨缪尔森效应揭示了一个残酷的结果，即制造业发达的结果就是制造业消失或者制造业出现国际转移，"盛世悖论"带来风水轮流转，"不知花落谁家"的大国宿命。

春秋战国时期，最有经济实力统一中国的只有楚国和秦国。两个国家的竞争就是比谁更能保留长期艰苦奋斗的梅花精神。据史料记载，楚国西周初年正式立国之时，其地域仅有国都丹阳周围的弹丸之地，直到春秋初年，楚国仍是"土不过同"（方圆百里）的小国。西周初年时，诸侯会盟时楚君还没有资格列席，只能去做看守灯火之类的杂务。然而，楚国早期的历代国君"筚路蓝缕"、励精图治，国势呈勃兴之势。周昭王曾三次伐楚，后两次都遭受惨败。楚国成为强国后，百姓生活富裕，文化发达，"惟楚有才"，楚庄王问鼎中原（公元前606年），更是成为处于上升时期的楚国开拓进取精神的象征。

秦国在困境中崛起。立国之初的秦人，力量极其弱小。经过200多年的浴血奋战，秦军逐渐由弱变强，秦国的势力不断向东扩展。然而正如楚国北进时遭遇的一样，秦国也遇到了东方强国晋国的有力阻挡。秦穆公只得继续向西发展，"益国十二，开地千里，遂霸西戎"，就连周天子也派人表示祝贺，于是秦国得以跻身大国行列。

　　两个大国命运的转折点发生在屈原时代。不光是楚怀王，楚国上下已经逐渐丧失了当年奋发图强的精神，产生了"布登勃洛克效应"。老一代行，可子一代不行；子一代行，但孙一代不行。

　　屈原的《渔夫》全文可以看作是屈原与他同代楚国人的精彩对话。屈原既放，游于江潭，行吟泽畔；颜色憔悴，形容枯槁。渔父见而问之曰："子非三闾大夫与？何故至于斯？"屈原曰："举世皆浊我独清，众人皆醉我独醒，是以见放。"渔父曰："圣人不凝滞于物，而能与世推移。世人皆浊，何不淈其泥而扬其波？众人皆醉，何不哺其糟而歠其醨？何故深思高举，自令放为？"屈原曰："吾闻之：新沐者必弹冠，新浴者必振衣，安能以身之察察，受物之汶汶者乎？宁赴湘流，葬于江鱼之腹中，安能以皓皓之白，而蒙世俗之尘埃乎？"渔父莞尔而笑，鼓枻而去。歌曰："沧浪之水清兮，可以濯吾缨；沧浪之水浊兮，可以濯吾足。"遂去，不复与言。

　　可见，当时楚国人生活惬意，无忧无虑，不理解屈原的痛苦和忧虑。人类群体观念变化往往是大事件的前奏。法国社会学家古斯塔夫·勒庞研究群体行为，发现个人一旦进入群体中，他的个性便被湮没了，群体的思想占据统治地位，而群体的行为可能表现为无异议、情绪化和低智商。在《乌合之众：大众心理研究》一书中，他认为，"发生在文明变革之前的大动荡，如罗马帝国的衰亡和阿拉伯帝国的建立，乍看上去，似乎是由政治变化、外敌入侵或王朝的倾覆决定的。但是对这些事件做些更为细致的研究，就会发现在它们的表面原因背后，可以普遍看到人民的思想所发生的深刻变化。真正的历史大动荡，并不是那些以其宏大而暴烈的场面让我们吃惊的事情。造成文明洗心革面的唯一重要的变化，是影响到思想、观念和信仰的变化。令人难忘的历史事件，不过是人类思想不露痕迹的变化所造成的可见后果而已。这种重大事件所以如此罕见，是因为人类这个物种最稳定的因素，莫过于他世代相传的思维结构"。这里古斯塔夫·勒庞所说的"思想、观念和信仰的变化"可以理解为一个民族或国家在取得丰功伟绩后，安逸和懈怠了，艰苦创业的时代精神集体消逝。

公元前 140 年左右，秦军占领湖北襄阳。襄阳对楚国的战略地位相当于秦国的潼关之于咸阳的战略地位。丢失襄阳，楚国首都荆州就没有战略屏障了。秦军可以不用翻越秦岭而直接攻击楚国。楚国只有两个选择，一是重新夺回襄阳，二是迁都到长江以南地区。从秦国攻占襄阳到秦国灭掉楚国，耗时八十多年，而其间楚国毫无动静，可能是夺回襄阳没有实力，南迁没勇气，得过且过。所以，楚国的衰败不能怪楚怀王之后的君王，是整个国家战斗力丧失所致。

与楚国从楚怀王开始走下坡路相比，秦国的坚韧不拔持续时间超过楚国。贾谊在《过秦论》中写道，"及至始皇，奋六世之余烈，振长策而御宇内，吞二周而亡诸侯，履至尊而制六合，执敲扑而鞭笞天下，威振四海"。楚国是"奋三世"，秦国是"奋六世"。一旦奋斗精神消失，楚国灭亡是迟早的事情。具有讽刺意味的是，秦国"奋七世"于公元前 221 年即重新统一中国。到了秦二世，阿房宫壮丽无比，"盛世悖论"又应验了，大秦帝国瞬间灰飞烟灭。

大唐天宝十四年

公元 755 年前后，世界并没有太多惊涛骇浪。一度威震西方的罗马帝国竟突然败于散居的蛮族部落之手，分解为若干国家。法兰克王国开始上演"丕平献土"。在中亚，阿拨斯王朝刚刚击败大唐军队，开始在巴格达建都，冲向阿拉伯帝国的顶峰。在中华大地上，独领风骚、光芒万丈的大唐帝国已历经百年，"盛世悖论"马上就要应验了。

　　唐朝从太宗到玄宗天宝年间共一百多年，"贞观之治"和"开元盛世"的多元文化横空出世，各族人民生活安定，国家昌盛，经济空前繁荣。天宝12年（公元753年），鉴真和尚携带佛经、佛具及佛像，历经坎坷，终于东渡到日本，开始了中日文化交流的一段佳话。天宝13年（公元754年）是唐代的极盛之时，"全国有三百二十一郡，一千五百三十八县，一万六千八百二十九乡，九百零六万九千一百五十四户，五千二百八十八万四百八十八口"。史称"户口之盛，极于此"。

　　盛唐是怎样的大时代呢？经济高度繁荣，社会安定，文化绚烂，公元730年，唐朝死刑犯人数仅24人，《旧唐书》对盛唐的赞颂是，"肃肃清庙，巍巍盛唐。配天立极，累圣重光"。唐《乐府诗集》写道，"朝野无事，寰瀛大康。圣人有作，盛礼重光。万国执玉，千官奉觞。南山永固，地久天长"。对于"开元盛世"，杜牧写道"万国笙歌醉太平，倚天楼殿月分明。云中乱拍禄山舞，风过重峦下笑声"，杜甫写道"忆昔开元全盛日，小邑犹藏万家室。稻米流脂粟米白，公私仓廪俱丰实。九州道路无豺虎，远行不劳吉日出……"

令人出乎意料的是，"渔阳鼙鼓动地来"。天宝 14 年（公元 755 年）安禄山伙同部将史思明起兵造反。而这场叛乱的意义远不止是唐盛极而衰的转折，更不幸的是，大唐盛世中曾不无痛心地开放和多元的文化精神被突然打断，使唐朝乃至以后的中华民族文化走上萎靡不振的道路。陈寅恪曾不无痛心地感叹，"安史之乱"把整个中国历史一分两半，不是把唐代历史而是把整个中国历史一分两半。"安史之乱"不仅是唐朝的一场浩劫，更是中华民族历史的悲剧。

大唐盛世被"安史之乱"拦腰斩断，其中原因很多。帝国的骤然灭亡固然与遭到安禄山所用的闪电攻击的战术有关，但大唐仍有洛阳和潼关可守，应该能抵挡骑兵冲击，等待援军到来。相比之下，北宋比唐朝还要不堪一击，这与都城的地理位置有关。北宋初期，赵匡胤主张迁都长安，以避免游牧民族的骚扰，然而其主张遭到其弟赵光义和同朝大臣的极力反对，最终迁都不成。北宋都城汴梁（今开封）属于平原地带，向北过黄河后即是一马平川，无险可守，步兵无法抵御大规模骑兵的冲击。

长安的地理位置比后来北宋开封好得多，有洛阳和潼关两道防线。只要严防死守半年，安史叛军就会被瓮中捉鳖。为什么历史出现尾部风险？成由勤俭败由奢。此时大唐的民族精神如西罗马帝国后期的民族精神，已经远不是"好乐无荒"，而是过于沉浸在百年积攒下的风华绝代中，社会和军队整体上失去战斗力，纵使名将云集，也无力回天。民族精神中梅花元素的失落是出现尾部风险的根本原因。开元之治晚期，承平日久，包括玄宗在内的整个唐朝上下都丧失了梅花精神。唐玄宗改元天宝后，更耽于享乐，惰于政务，如《长恨歌》所说"三千宠爱在一身"、"从此君王不早朝"，他完全沉湎于酒色之中。不光是皇帝，朝廷上下都刀枪入库、马放南山，兵疏于战，毫无战略防御。史称，安禄山反讯传至长安，唐玄宗在华清宫宴请封常清，尴尬地承认，"旬日得兵六万，皆佣保市井之流"，这表明士兵从未经过军训就要出战。安禄山起兵后，在短短的一个月内，就控制了河北大部分郡县，河南部分郡县也望风归降，或互不相救。唐代书法家颜真卿的《祭侄文稿》有记载，"土门既开，凶威大戚，贼臣不救，孤城围逼，父陷子死，巢倾卵覆。"这说明救援不力，或者根本不敢拼命相救了。牡丹虽好，但岂能没有梅花！

　　然而在这牡丹称道的时代却也有一枝独自绽放的梅花。这个人就是张巡。真源县（今河南鹿邑）县令张巡率军民坚守雍丘。历史档案记载，睢阳之战，张巡以数千唐军，对垒数十万叛军，交战四百，斩将三百，破敌十二万，力守孤城半年。在存粮耗尽时，"士日赋米一勺，龁木皮、煮纸而食"，"至罗雀掘鼠，煮铠弩以食"，"才千馀人，皆癯劣不能彀"。为了守城，张巡等杀掉自己的儿子，然后相互交换着吃。张巡的坚毅英勇使叛军延误时机，不能无所顾忌地南下江淮，这为大唐卷土重来赢得了宝贵的喘息机会。

电影《一九四二》对冯小刚来说是苦等了 16 年，反映了他作为导演的历史担当。我期待《大唐天宝十四年》早日被搬上各类影视作品。只有在民族心灵深处深深刻下这一年的千古悲痛，才能使一个民族在牡丹时代亦能永葆梅花精神。

民族精神"断层线"风险

全世界都听到中华民族复兴的脚步越来越近了。马克斯·韦伯曾经说过：任何一项伟大事业的背后，都必须存在着一种无形的巨大的精神力量，更为重要的是，这种精神力量一定与该项事业的社会文化背景有密切渊源。我们从不缺乏励志的故事、先哲的至理名言，我们需要的是激发流淌在我们血脉之中，却被冲散在历史长河的中华原创精神。这种原创精神就是梅花与牡丹兼备，略偏梅花的长期坚守。但是，人口的世代相传必然会有代际差异和冲突，可能导致民族精神传承的"断层线"。

黑格尔曾经写道，每个人都是他那时代的产儿。美国人类学家玛格丽特·米德在她的《代沟》一书中指出："整个世界处于一个前所未有的局面之中，年轻人和年老人——青少年和所有比他们年长的人——隔着一条深沟在互相望着……因此，人们可以问：'代沟在变窄吗？代沟在弥合吗？'但是一条深深的、人工的沟壑是人类亲手所挖，它发明了一种技术把四十年代中期以前成长起来的人与此后成长起来的人分开了；这样的沟是不会弥合、不会变窄的。"

中国开始从"中等收入"向"中高收入"的历史性转变，将从世界第二大经济体变成世界第一大经济体，从高储蓄变为较高消费，从传统生产型经济向服务型经济转型，从以"引进来"为重点的开放战略向全球投资转变，"中国化"（Chinal ization）成为全球化重要推动之一。由于人均 GDP 变化快，中国"代际"痕迹和特征前所未有的明显。在时代列车上，每一代中国人既有"前不见古人，后不见来者"的孤独感，又有"江山代有人才出，各领风骚数百年"的英雄感。每一代都在一座"塔斯马尼亚岛"上，互相没有联系。"代际"之间如此卓卓不群和相互漠然，会有突然失去梅花精神的风险。

1978 年，中国开始改革开放，从而迎来了新的经济发展阶段。此时 20 世纪 50 年代出生的"婴儿潮"一代要么刚刚步入独立的经济生活，要么即将结束"上山下乡"并且成为经济活动的主力；而 20 世纪 60 年代出生的"婴儿潮"一代开始进入社会经济生活。可以说，新中国成立后迅速增长的新生人口是中国经济"人口红利"的主要来源。正是由于人口结构和快速的收入增长，使得这一代人积累了大量的财富，而这也与目前我国高投资、高储蓄、低消费的发展情况相吻合。新中国成立后的两次"婴儿潮"一代主要生长在物质匮乏的年代，在改革开放初期进入社会成为经济活动的中坚力量。虽然其中一部分人由于历史的原因无法获得高等教育，甚至正常的教学也被人为打断，但他们普遍接受了完整系统的基础教育。与之前的中国人一样，改革开放前的绝大部分中国人都是受到了两种经济体制、两种思潮的影响。特别是对于这两次"婴儿潮"一代，在他们的价值观形成阶段，正处于新旧思潮碰撞、新旧经济体制变革的时期，现实环境和他们所接受的价值观之间产生了许多矛盾和冲突。这一代人有求知与变革的热情，但大多数人更愿意获得一份稳定的工作，待在一个安全的位置上；他们喜欢简单的人际关系，但往往表现出来的却是复杂的状态；他们喜欢储蓄，消费思想较保守，依赖经验，注重商品价值。从文化的价值取向来看，新中国成立后到 20 世纪 80 年代之前出生的中国人，更多的是具有梅花特有的坚韧不拔、吃苦耐劳的精神，因此我们将其定义为"梅花世代"①。

20 世纪 80 年代出生的"婴儿潮"一代实际上是 20 世纪 60 年代"婴儿潮"一代的回声，2000 年以来，第三次"婴儿潮"一代逐渐开始进入社会经济生活。虽然第三次"婴儿潮"一代也会进入婚育阶段而形成一个生育小高峰，但由于经济社会的迅速发展，人们越来越偏好于减少生育，这与发达国家（如日本）的"少子化"非常类似。经济发展到一定阶段，人们的结婚年龄大为延迟。许多人选择不结婚，离婚率上升，夫妇减少生育，全国生育率降低，而计划生育政策更是强化了这一作用。20 世纪 80 年代的

---

① 此段摘自与李宏瑾合著的《梅花与牡丹：中国消费社会的崛起》一书即将出版。

"婴儿潮一代"可以说是我国非常特殊的一代，也可以说是"独生子女一代"。在他们成长的过程中，接受的都是新的观念和事物，更喜欢创新和冒险，追求物质并有着强烈的自我意识，而这也恰恰是牡丹精神特有的气质。因此，我们将20世纪80年代以来出生的人口，定义为"牡丹世代"。

根据联合国以正常生育率水平估计的结果，我国人口将在2026年达到顶峰，达到13.96亿人。根据我们的估算，就是在这一年之后不久的2028年，1980年之后出生人口将首次超过1980年之前出生的人口。20世纪60年代的"婴儿潮"一代（1963—1964年出生）在这一年正好开始退出经济活动（64岁及以上），并在未来几年陆续退出经济活动。中国在2020年之后将主要依靠"牡丹世代"，也就是第三次"婴儿潮"一代。人口结构的变化，对中国未来的经济与社会有着深远的影响。

2029年，"牡丹世代"将在劳动力总量上超越"梅花世代"。美国人类学家玛格丽特·米德在《代沟》一书中从文化的传递方式出发，将文化划分为三种类型。第一种类型为前喻文化，即晚辈主要向长辈学习；第二种类型为共喻文化，即晚辈和长辈互相学习；第三种类型为后喻文化，即长辈反过来向晚辈学习。但在大数据时代，"牡丹世代"比"梅花世代"更有条件和能力接触广泛的信息，其知识结构更新，但"牡丹世代"生活在幸福中，没经历过风雨。中国社会处于"共喻"和"后喻"混搭时代之中，"梅花世代"显然较难再扮演传统中的信息权威角色。"牡丹世代"已喊出了"你若端着，我便无语"。就像票房意外好的影片《小时代》是在定义一个未来，一个不同于以往大时代话语的未来，表现出90后"牡丹世代"的独立与时尚，他们既有理性芬芳的追求，也有令人迷惑的自由自在。

2039年，70后"梅花世代"退休了。在中国经济的劳动力中，就基本上没有"梅花世代"了。2039年后，中国能否从"梅花世代"进入不忘"梅花精神"的"牡丹世代"？会不会出现民族精神代际传承的"断层线"？

诚然，肯定有少数"牡丹世代"具有梅花精神。但少数人有梅花精神，也很难改变同代大多数人的思想观念。作家韩寒生动地描写了这种尴尬，"真理往往是在少数人手里，而少数人必须服从多数人，到头来真理还是在多数人手里，人云亦云就是这样堆积起来的。第一个人说一番话，被第二个人听见，和他一起说，此时第三个人反对，而第四个人一看，一边有两个人而一边只有一个人，便跟着那两个人一起说。可见人多口杂的那一方不一定都有自己的想法，许多是冲着那里人多去的"。

一个伟大的民族，是一个居安思危的民族。中华民族精神从"梅花世代"到"牡丹世代"的传递中存在着严重的风险点。如果这些风险点不能提前避免和及时修补，"牡丹世代"如何应对那时中国面临的困难和挑战是个令人忧心忡忡的问题。

为什么要预警风险？"王庆悖论"告诉我们如果大家都意识到风险，就很可能没有风险了。我期望唤起人们对"盛世悖论"的注意，享受牡丹时代的美好生活，也始终不懈地保持梅花精神，打破大国兴衰的历史周期，开创一个长期繁荣昌盛的复兴时代。经济学家科斯说过，中国人的奋斗也是人类的奋斗。我用英国历史学家汤因比在《人类与大地母亲》一书中结尾的一段话表达超越"盛世悖论"的深远意义，"如果中国人真正从中国的历史错误中吸取教训，如果他们成功地从这种错误的循环中解脱出来，那他们就完成了一项伟业，这不仅对于他们自己的国家，而且对处于深浅莫测的人类历史长河关键阶段的全人类来说，都是一项伟业"。

附录一

书评摘录

"梅花与牡丹",在上下五千年的历史长河里演绎着国命纵横的铿锵与华贵,"梅花香自苦寒来"与"牡丹的雍容华贵"立体地勾勒了国人的精神概貌。历史抑或我们的未来,是由一个个前仆后继的个体形象构成的,毕竟,历史与人生的现实是充满荆棘的,有困苦折磨,有危难相逼,甚至有对生命的考验。跨越困难与障碍的内心坚持与知行合一,是检验我们人生高度的卡尺,构成了一个个小我的"梅花与牡丹"精神。她对于我们个人是一种发现心灵的内省智慧,帮助我们在这个浮躁与复杂的环境里,正心修身、进取拼搏、坚毅勇敢。"梅花与牡丹"带给我们个体的心灵奇迹,其实是源于一种纯粹的状态。这样的纯粹是开放与包容的。

"梅花与牡丹",强烈而鲜明的形象印证,两者和而不同,两者开放包容、细腻而真实地展现着我们民族的精神根基,没有呆板的类比,更无割裂的说教,笔者历时 4 年由灵魂所激发的民族精神与具体实践水乳交融、浑然一体,形成宏大壮阔而又细腻真实的叙述,读来真实、感人。

——摘自《民族精神的内省》

中国大金融联盟总负责人兼秘书长 李姜元鸿

梅花精神特征为非红即白,爱憎分明,坚韧不拔,傲然独立,进取奋斗;过度的梅花精神自然也会带来不合群、孤芳自赏、听不进意见等问题。牡丹精神则正相反,它是热爱生活、多姿多彩、有情趣的表现,是一种多元包容和鼓励创新的雍容大度姿态;同样,太过的牡丹精神则表现出富丽奢靡,贪图安逸和缺乏主见。

能够在不同境遇之下通过积极主动的实践创新来平衡梅花与牡丹这两种全然不同的精神基因,是几千年来中国知识分子修身力行、实现为民报国抱负的文化基础。"盛世悖论"就是《梅花与牡丹——中华文化模式》一书作者姚余栋博士发现的一个十分重要的文化精神运行规律:凡是中国有大作为的朝代,无不以梅花精神立国与打下盛世基础，后兼以牡丹精神化天下以归之，而一旦盛世中牡丹精神发展到极端以至于完全淹没梅花精神，则该朝代距离衰亡也就不远了。

——摘自《论梅花、牡丹双重文化基因与

中国知识分子精神的自觉平衡》

软通动力高级副总裁　李　波

任何一种文化都是多极的。一种文化所包含要素的罗列，仅仅能极其有限地标识这一种文化的特质。中华文化的身份认同，不在于中华文化中包含了什么要素，而在于这些要素以什么样的方式处理相互之间的张力，从而在一种动态平衡中体现出怎样的相对性特征。当代很多人关于寻找自身文化身份认同的探索，往往易于陷入要素罗列，而在对于张力的把握上不够。这一缺点可能有两个原因：一是本身对于文化的理解力还不够，无法通过直观有形去体会直觉无形；二是仍然有一种"中央帝国"心态在复活，潜意识里在追求一种静态而固定的标准模式以为天下范。在这一背景下，姚余栋著《梅花与牡丹——中华文化模式》，其中对于牡丹精神和梅花精神之间的张力，有着非常深入的论述，充分体现了中青年知识分子在追寻文化身份过程中的成熟心态和现代性精神。

　　《梅花与牡丹——中华文化模式》一书中特别提到"盛世悖论"问题，并且以唐代经安史之乱由盛转衰之事为例，说明一个国家或民族以梅花精神开创了牡丹时代，但在牡丹时代逐渐消磨掉梅花精神，进而陷入停滞或危机。"盛世悖论"即是梅花精神与牡丹精神的文化张力及对于这种张力的处理方式之一例。读来亦有所感，故不量轻薄，赘言几句。

——摘自《中华文化的内在张力》

财政部国际司　孙大海

　　历朝历代文化都有自己的实用性，即"各取所需"。我认为也许在历史的变革中，丢掉或淘汰了很多东西，但保留下来的却是"精华"，这好比烹饪中的煲汤，用微火煮的时间越长，汤味就越浓、越鲜、越美，回味无穷。余栋先生把这种文化精华比喻成梅花与牡丹精神，它折射出中华民族"勤劳、智慧、勇敢、善良"的品格。这是梅花与牡丹的精髓，对中华文化的比喻和阐述非常准确。

　　梅花与牡丹具有生命的力量。梅花与牡丹都是植物，都有生命力，国人喜爱，世人羡慕。梅花无论生长环境多恶劣，都能凌霜斗雪、迎春开放、风骨俊傲、不趋荣利，乃国人坚贞不屈、坚韧不拔之精神。牡丹素有国色天香、花中之王的美称，乃国人高贵坚定、卓尔不群之品质。梅花与牡丹精神不是无源之水，无根之木，单摆浮搁的，而是温故华夏人几千年有文化的发展历史，从人类生存环境、地理变迁、生活磨砺、生命力量、社会变革、国人喜好、文人赞美的融合与交汇中，客观而深刻地提炼的。甚至国人血管中流淌的血液都含有梅花与牡丹的"因子"。因此，这种文化具有强大的生命力。

梅花与牡丹彰显文化的传承。中国文化中有一种说法，即"用道家之机敏做人，用儒家之中正做事，用佛家之超脱修心"，梅花与牡丹文化，不仅包含了道、儒、佛的文化精髓，还包含了中国文化与国外文化的碰撞、借鉴与交融，更有时代的呼唤。正如余栋先生讲的"中华文化复兴不是复古，而是在中国传统文化同现代生活结合中创造的飞跃，并引领人类社会的时代精神"。因此，梅花与牡丹文化就凸显了大气庄严，雍容富贵。

梅花与牡丹饱含时代的魅力。我们生活在一个经济和科技全球化的时代，在享受着科技成果带来的现代生活方式的同时，还感受到了时代的"浮躁"。很多人为生存而过分打拼，为享受而过分沉沦。时代的主旋律似乎极度热情奔放，但细细听来，确实还缺少一些震撼心灵的文化音符。时代给我们带来太多的时髦和流行，使人眼花缭乱。

——摘自《经济转型时期的文化思考》

中关村民政局　黄　伟

姚余栋博士是一位充满激情和历史使命感的学者型官员，他勤奋研究，笔耕不辍，令人钦佩。其《重燃中国梦想：中国经济公元1—2049年》和《梅花与牡丹——中华文化模式》两本著作分别从经济和文化的不同视角探讨了中华民族伟大复兴之路，表达了他的拳拳赤子心、殷殷报国情。《梅花与牡丹——中华文化模式》这本书独创性地提出以梅花和牡丹作为中华文化的代表符号和民族精神的载体，以史为鉴可以知兴衰，他回顾和审视了中华民族的历史和文化传统，对中华文化的起源提出了大胆的假设和推论，用塔斯马尼亚岛效应解释了近代中华文化的停滞不前，以"盛世悖论"警示了大国的兴衰。

阅读本书有助于更好地在国人中形成对中华文化的认同，唤起国人的文化自信和年轻一代的历史责任感。今天我们要将中华文化发扬光大，既需要梅花精神的勤勉坚毅，也需要牡丹精神的包容创新。同时，我们也需要用这两种精神来重塑国人，只有有精神、有信仰、有文化的中国人才能成就中华民族的伟大复兴。希望本书的出版，能吸引更多有识之士关心、研究、传承并创新中华文化，共同创造中华文明新的辉煌。

——摘自《梅花与牡丹：文化传承与创新》

中国银河投资管理有限公司副总裁　黄格非

天地造化，花儿与人文精神绾结在一起，与人们的历史、传统、道德、风俗和习惯息息相关，被人们赋予众多的文化内涵。赏花下品品色，中品品香，上品品姿，极品品境。梅花与牡丹一向是国人喜爱的两种花卉，它们所象征的品格和精神，自古至今被广泛传颂，以梅花、牡丹为题材或寓意的诗词歌赋及文学作品所在多有。把梅花与牡丹作为文化象征，契合我国传统文化特点和时代精神。中华民族源远流长，逐步形成了独特的历史文化，既有梅花凌风傲雪、坚韧不拔、自强不息、吃苦耐劳的毅力，也有牡丹创新包容、大气庄严、雍容富贵的品质。我们的文化蕴含着强烈的忧患意识，有危机感、紧迫感、责任感和使命感，也具有兼容并蓄、海纳百川的胸襟。这恰恰是梅花和牡丹所肩负的社会属性。这种文化是经过几千年融合形成的，是特殊的地理环境和历史造就的，具有强大的生命力。用梅花与牡丹代表和彰显我国的文化，是一种创新和突破。文化是渗透到血液里的力量，是抽象的，同时又是鲜活的、具体的。用两种花卉概括我国文化，是充满想象力和创造力的，这种对文化物化而又富有寓意的表达，生动、形象、具体，易于识别、易于认知、易于沟通、易于弘扬。我国地域辽阔，经济与文化差异大，要增强向心力、凝聚力、需要对文化有相对统一的自然表达，并把共同认知转化为强大的物质力量和精神力量。

当下，中国正在日益融入世界，世界也需要全面了解中国。在文化交互影响和融合的进程中，我们需要更加有效的载体和传播讲述中国人自己的文化故事。这个故事应当有广泛理解的语境，有引人入胜的情节，有明确的价值符号，有独特的精神魅力。姚先生所归纳、提倡的梅花与牡丹之文化精神，无疑是有益的探索。

——摘自《梅花牡丹一线穿》

金融时报社　唐小惠

作者自序引用了那句早已激发无数青年学子共鸣的
"为什么我的眼里常含泪水，因为我对这土地爱得深沉"，
开始了一段令读者本人感到新奇却又似曾相识的寻根之旅。
伴随正文的开篇，宛如站在浩瀚磅礴的星空，将焦距对向
了欧亚大陆的巨型孤岛，将时光调拨到千年的刻度，遥想
天地洪荒之中两个部落是如何将肩膀靠到一起，刀耕火种
之下一个民族是如何创造目不暇接的不朽传奇，滔天洪水
之间我们的先人又是如何顽强地将文明薪火传至今朝。这
其中，有一种奋斗拼搏，也有一种包容万象，梅牡的历史
或许还要在汉唐展开，可梅牡的精神却已在炎黄大禹的年
代绽放。

回览上下五千年，每一轮寒梅傲雪，都是一曲自强图
存颂；每一轮牡丹竞放，都是一番飞舞盛世春。反之，每
一次梅花困厄在"曲欹疏"的病态审美中零落成泥，便是
这个民族万马齐喑的衰世长叹；每一次牡丹湮没在大地之
下不再为人所提及，便是这个国家内忧外患的黑暗笼罩。
她们那么熟悉，因为从大禹治水到白蛇传说，每一段中国
人击节称赞、流传至今的佳话里，都有她们所包含的无畏、
坚韧、包容与创新。她们又那么陌生，因为在千年旅行中，
中国人时不时会在颠簸中忽略她们赋予我们的潜能基因。

中国人至今没有给她们，没有给我们的文化，没有给我们的民族精神以足够的地位、阐释与发扬。作者"双国花"的倡议，绝不仅仅只是针对两种我们亲切的名花，而正是要让我们自己在国花的标签中，发掘我们自己的基因密码，以无畏的气概创造一个美丽中国，以包容的气宇重塑一番天下大同。

——中国人民大学公共管理学院　蒋宇之

　　起初拿到这本书稿，以为本书只是意在评析和歌颂诗词文赋中常常提及的梅花和牡丹两种花及她们的品质，可以权当文学作品来读。但细细品读之后，才发现作者其实是以梅花与牡丹的精神作为中华文化和中华精神的象征，追溯中华历史源头，进而深究中华文化源远流长的原因，对历史呈现出的盛世消长做出深刻的思考。在惊叹一个经济学人竟有如此高的文史素养之余，我更是被一个经济学人对中华复兴尤其是文化复兴的关忧深深感动。

　　作者挑选梅花与牡丹作为中华文化的象征，打破了此前国人一直宣扬的"龙的传人"的传统，很富有新意。书中提到，选择花作为文化的象征有助于提升中国软实力，帮助中国在国际舞台上通过"国花外交"与他国开展文化交流，促进世界和谐。作为一名学国际关系学的学生，不禁为姚司长的国际化视角所折服。

另外，作者在书中提出"盛世悖论"，即梅花精神开创了牡丹时代，牡丹时代会消磨掉梅花精神，带来危机，使盛世衰落。这正是对人类历史中帝国消长原因的高度概括，实乃精辟。人们总是在历史上大的转折点发生之后才认识到它的存在。

——摘自《梅牡芬芳，盛世永昌》
中国人民大学国际关系学院　苏　晗

作为现代青年中的一员，我深切地感受到中国当代青年精神上的迷惑、价值观的混乱以及普遍的信仰缺失。微博、微信上各种吐槽，屌丝女汉子遭受热捧，考试作弊，论文造假，心理承受能力低，终日忙忙碌碌却不知未来在何方……我们生活在中国历史上最为富足的时代，但我们的精神却遭遇到了历史上最为迷茫的时期。我们从不缺乏励志的故事、先哲的至理名言，我们需要的是激发流淌在我们血脉之中，却被冲散在历史长河的中华正能量！我想这或许就是本书最本质的目的，从中华文明发迹的源头、从炎黄子孙繁衍生息的历史中去探寻我们最本源的精神力

量——梅花的自强不息、吃苦耐劳和牡丹的创新包容、开放进取。将中华文明近一万年的发展历史精炼萃取出梅花与牡丹这两种精神象征，着实让人感叹笔者在全球历史、社会学、人类学甚至考古学知识的深厚积累。尤为难得的是，笔者的身份其实是一名经济学工作者，并非历史学、人类学甚至文学的"科班出身"。但以其独到的见识、经济学者具备的细致的观察力以及深厚的知识积累却给所有中国人上了一堂充满教育意义和启发的历史课。

　　　　——摘自《重拾冲散在历史长河中的中华正能量》

　　　　　　中国人民大学研究生　　刘　洁

　　一口气读罢此书，最强烈的感受是此书中浓重的家国情怀。有人说中国正处在历史上最好的时代，经济发展迅速、前景可期，但文化上中国绝对是不尽如人意的。理想迷失、道德滑坡、精神缺位、价值观混乱都困扰着中国人。其中有文化上的妄自菲薄，也有盲目自信，更有得过且过。如何激浊扬清，引领思潮，助力复兴，姚余栋先生可谓是"铁肩担道义，妙手著文章"，从中国文化基因上思考历史沿袭和中国未来，在极其繁忙的工作之余勇担此任，其经世济民的家国情怀可见一斑，而这种情怀正是当今时代的呼唤。

孕育大变革的大时代需要傲立潮头的大人物，时代呼唤更多能人贤士加入中华文化伟大复兴的历史征程。希望《梅花与牡丹——中华文化模式》是一个美好的开端，更多有思想的作品能涌现。如此，便是中华文化之幸。

——摘自《经世济民，家国情怀》

中国人民大学硕士研究生　高　坡

《梅花与牡丹》或可媲美《菊与刀》。

——中信证券副总经理、

中国金融40人论坛成员　徐　刚

把梅花和牡丹喻作中华文化的象征和特殊符号，反映了作者独特的人文视角和家国情怀，彰显了中华民族伟大复兴的时代精神。

——新华社　罗海岩

梅花和牡丹精神，流在每个中国人的血液里，我们无法剔除。读懂了这两种精神，便看清了我们自己和我们所处的社会以及民族的未来。读余栋的书，就像他坐在你面

前，娓娓告诉你"我们是谁"、"我们为什么存在"、"我们
归于何处"。这是一本多年未曾读过的佳作，帮我们认清了
自己，坚定了信心，拥有了勇气。

——中组部　郭　强

以经济学家、金融家的视角来探讨"梅花与牡丹"和
中华文化模式，充分体现了文化学者的底蕴和严谨以及博
大的胸怀和历史责任。站在历史、现在和未来的高度，对
"梅花与牡丹"做了精辟的命题和解答，实现了几代人将
"梅花与牡丹"誉为国花这一美好的梦想。

——中国人民银行文联前主席、

中国金融教育基金会理事长　初本德

作者试图以这两种花卉作为中华民族文化的代表性符
号，以此提高国家文化实力内涵，全书立意高远，持论允
当，表述有力，是值得细细品读的一本好书。此作凝聚了
姚余栋先生多年的心血，真是功德无量之事，其精神值得
赞叹与肯定。

——可祥法师

老子言：万物负阴而抱阳。《易经》云：一阴一阳谓之道。用"梅花"与"牡丹"这两种阴阳相对的意象概括浩如烟海、灿若群星的中华文化模式，正是恰到好处，让人禁不住一咏三叹。

——中央国债登记公司副总裁　白伟群

中国文化乃至社会的复兴必须要有图腾似的文化标记，以完成从经济大国到文化大国之路。窃以为中国现状类似欧洲文艺复兴前夜的黑暗时刻。我们在不停摸索追求的方向、崇尚的精神和本民族文化的定位。中国作为历史上唯一没有中断的文明古国在上一世纪并没有提出自己文化的标志，提出"梅花"与"牡丹"是一个有益的尝试。

——智瓴华瀛（北京）咨询有限公司创始人
张明磊

牡丹，盛世之外皮；梅花，崛起之风骨。

在自信、自尊的仪态下，梅花与牡丹是自强、自省的架构。余栋先生将两者并列，可谓用心良苦。"中国梦"，自当如此。为此良苦用心，当浮一大白！

——九三学社上海委员会　沈　丽

我喜欢梅花与牡丹，是因为它们给我带来了无穷的遐想，让我想到了月季、玫瑰，还有高原上、草原上特别是故乡田头地脚那些无名的花和草，以至于抬头仰望天空时，那些飘来飘去的云，也在我脑海里幻化成各色各样、千姿百态的花朵。

——国务院办公厅秘书二局巡视员兼副局长

吴相仁

附录二

由《梅花与牡丹——中华文化模式》
引发的十个倡议

士不可以不弘毅，任重而道远。以商业化手段推广中华文化，不亦重乎？让中华文化在全球持续性光大，不亦远乎？希望社会各届能考虑以下几点倡仪。

1. 创作《中华创世纪》大型舞台剧，如《宋城千古情》与《长恨歌》等经常性演出，展现中华先祖艰辛创业风采。

2. 拍摄《白蛇传》歌剧，类似《罗密欧与朱丽叶》，以歌剧形式传播中华文化。

3. 以天宝十四年的"安史之乱"为题材写小说，拍摄电视剧和电影，警示"盛世悖论"。

4. 让舌尖上的中国"走出去"，弘扬中华饮食文化。

5. 以华服弘扬中华衣韵之美。在正式场合尽量穿华服。

6. 成立梅花与牡丹文化公益基金会，颁发"梅花与牡丹"文化奖。

7. 开展华人 DNA 检测，重点检验 Y 染色体，验证黄河农夫南下并与当地居民融合的历程。

8. 重启国花评选让国花开遍中华大地，并向海外推广。

9. 创作《梅花与牡丹》歌曲、诗赋。

10. 众筹"梅花与牡丹咖啡馆"，首创具有"中国风"的"星巴克"，全球拓展。

附录三

华夏新供给经济学研究院和
中国新供给经济学 50 人论坛简介

中国新供给经济学 50 人论坛组织与成员名单（2013 年）

论坛顾问委员会成员：

学术顾问：

夏　斌　国务院发展研究中心金融研究所名誉所长、研
　　　　究员

　　　　中国民生研究院学术委员会副主任

　　　　南开大学国家经济战略研究院院长

管益忻　中国决策科学院院长

　　　　中国海内外企业家交流中心副主席

《经济学家周报》主编

王国刚　中国社会科学院金融研究所所长

管理顾问：

黄　伟　中关村民间组织登记处处长

文化顾问：

楚　艳　北京服装学院服装设计系教师

　　　　北京服饰设计研究中心总监

法律顾问：

李　达　竞天公诚律师事务所合伙人

论坛理事会理事长：

洪　崎　中国民生银行股份有限公司董事长

论坛理事会副理事长：

贾　康　财政部财政科学研究所前所长

王功伟　北京金融街投资（集团）有限公司董事长

李万寿　协同创新基金管理有限公司董事长

王广宇　华软投资（北京）有限公司董事长

论坛理事会常务理事：

洪　崎　中国民生银行股份有限公司董事长

贾　康　财政部财政科学研究所所长、中国财政学会

　　　　副会长兼秘书长

王功伟　北京金融街投资（集团）有限公司董事长

李万寿　协同创新基金管理有限公司董事长

王广宇　华软投资（北京）有限公司董事长

白重恩　清华大学经济管理学院副院长

黄剑辉　国家开发银行研究院副院长

王　庆　上海重阳投资管理有限公司总裁、合伙人

滕　泰　万博兄弟资产管理（北京）有限公司总裁

　　　　万博经济研究院院长

论坛监事会成员：

王少杰　海风联投资基金创始合伙人

　　　　中关村股权投资协会会长

论坛学术委员会主席：

贾　康　财政部财政科学研究所前所长

论坛学术委员会副主席：

白重恩　清华大学经济管理学院副院长

徐　林　国家发展和改革委员会规划司司长

论坛成员（共 42 人，任期 5 年，按姓氏笔画排序）：

丁志杰　对外经济贸易大学金融学院院长、教授

丁　爽　花旗银行大中华区高级经济学家

马海涛　中央财经大学财政学院院长、教授

马蔡琛　南开大学经济学院教授、博士生导师

王功伟　北京金融街投资（集团）有限公司董事长

王　诚　中国社会科学院经济所研究员

王　庆　上海重阳投资管理有限公司总裁、合伙人

白重恩　清华大学经济管理学院副院长

冯俏彬　国家行政学院经济学部教授、博士生导师

李万寿　深圳产学研创新投资基金管理公司董事长
　　　　中山大学股权研究中心主任

刘培林　国务院发展研究中心发展战略和区域经济研
　　　　究部副部长

李宏瑾　中国人民银行营业管理部副研究员

朱海斌　摩根大通首席中国经济学家、大中华区经济
　　　　研究主管

沈建光　瑞穗证券亚洲公司董事、总经理、首席经济
　　　　学家

杨　农　中国银行间市场交易商协会副秘书长

张霄岭　中国银监会银行监管三部副主任

连　平　交通银行首席经济学家

陈祖新　国务院研究室综合司司长

张智威　野村国际（香港）有限公司首席中国经济学家

周天勇	中共中央党校国际战略研究所副所长
金鹏辉	中国人民银行郑州中心支行行长
周健男	中国证监会上市公司部副主任
范剑平	国家信息中心首席经济师
金　莘	中国人民银行金融稳定局巡视员
洪　崎	中国民生银行股份有限公司董事长
贺力平	北京师范大学经济管理学院教授
俞　波	中国五矿集团公司财务总部总经理
费朝晖	中国进出口银行国际业务部总经理
徐诺金	中国人民银行调查统计司巡视员
徐　林	国家发展和改革委员会规划司司长
贾　康	财政部财政科学研究所前所长
高培勇	中国社会科学院学部委员 中国社会科学院财经战略研究院院长
姚余栋	中国人民银行货币政策司副司长
诸建芳	中信证券首席经济学家
黄剑辉	国家开发银行研究院副院长
盛来运	国家统计局新闻发言人、司长
崔　历	高盛投资银行董事总经理
彭文生	中金公司首席经济学家

葛华勇　银联国际董事长

裴长洪　中国社会科学院经济研究所所长、党委书记
　　　　《经济研究》主编

滕　泰　万博兄弟资产管理（北京）有限公司总裁
　　　　万博经济研究院院长

魏加宁　国务院发展研究中心宏观经济研究部巡视员

论坛特邀研究员（共30人，任期3年）：

马光荣　中国人民大学财政金融学院博士、讲师

马续田　交通银行总行资产管理部总经理

马梅琴　中国建设银行个人存款与投资部副总经理

王少杰　海风联投资基金创始合伙人
　　　　中关村股权投资协会会长

王　燕　北京大学国家发展研究院高级研究员
　　　　乔治华盛顿大学客座教授

王金晖　中邮创业基金管理有限公司副总经理

刘军民　国家审计署办公厅研究处处长、研究员

李　波　软通动力信息技术（集团）有限公司执行副
　　　　总裁

李　斌　中国人民银行研究员

李　钢　国务院办公厅金融处处长

张　文　山东省金融工作办公室副主任

肖　婷　北京网聘咨询有限公司智联测评事业部总监
　　　　测评研究院执行院长

宋汉光　中国人民银行宁波市中心支行行长、高级经
　　　　济师

宋立洪　商务部综合司副司长

陈　龙　财政部财政科学研究所副研究员

陈　浩　中国人民银行调查统计司景气调查处处长

周诚君　中国人民银行办公厅副主任、研究员

金海年　诺亚（中国）控股有限公司首席研究官

周广文　银杏资本管理有限公司董事长

林　竹　中信地产副总裁、城市运营部总经理

郑红亮　中国社会科学院经济研究所教授
　　　　《经济研究》常务副主编

郑五福　中国人民银行人事司副司长

段晓强　北京金融街投资（集团）有限公司研究中心
　　　　主任

杨　光　《中国证券报》基金部副主任、专家学术顾问
　　　　委员会秘书长

浦晓燕　红杉资本董事总经理

黄格非　中国银河投资管理有限公司副总裁

盛　磊　国家信息中心科研管理处处长、学术办主任

梁　季　财政部财政科学研究所研究员

彭子瑄　中国民族证券有限责任公司董事会秘书

鞠　瑾　北京金融街投资（集团）有限公司总经理

论坛特邀成员（年龄在 40 岁以下，共 7 人，任期 3 年，按姓氏笔画排序）：

王雪磊　中国建设银行办公室副处长

刘　薇　财政部财政科学研究所副研究员

张茉楠　中国国际经济交流中心副处长、副研究员

苏京春　财政部财政科学研究所博士

徐以升　《第一财经日报》编委

徐　光　中国银行间市场交易商协会注册办公室高级
　　　　主管

谭海鸣　中国人民银行货币政策二司副处长
　　　　国际货币基金组织前经济学家

论坛特邀媒体合作伙伴（共 5 人，任期 3 年，按姓氏笔画排序）：

乔卫兵　中国经济出版社副总编辑、编审

张永山　《经济研究》杂志副社长

杨　光　《中国证券报》基金部副主任、专家学术顾问
　　　　委员会秘书长

袁　满　《财经》杂志金融主管编辑

秦　朔　《第一财经日报》总编辑

代 跋

吾国与吾民

中国服饰之中国美

楚 艳

　　中国素有"衣冠礼仪之邦"的美誉，中国的服饰艺术是中国最有民族性、地域性、人文性及审美性的日常文明，也是中国深厚人文传统的重要组成部分。中国几千年的服饰文化历史悠久，不同朝代都有独特的服装风格；中国又是一个民族众多的国家，各个民族的服饰文化独具特色，但在全球化的今天，有几千年服饰文化的中国却仅仅成为服装加工制造的大国，而不是服饰品牌和创意设计强国；相比较我们周边的韩国、日本、印度等国家都保留着自己引以为傲的绚烂多姿的民族服饰，而当下的国人，每到重要节日和场合，却总是尴尬于没有合适的服装能展现本民族的文化属性，这不仅仅是经济问题、科技问题，更是深层次的社会文化问题，值得我们深思和探讨。

随着政府的扶持和主流媒体以及诸多学者对中国传统文化不懈的研究和推广，越来越多的国人开始关注传统文化，并提出"汉服"、"国服"、"华服"等各种说法，其实都是希望在服饰方面展现中国精神。中国服饰到底该如何传承和创新？今天的国人应该身着什么样的"华服"才能找到本民族的归属感？

中国著名的美学家朱光潜先生曾经说过：艺术的能事不仅见于知所取，尤其见于知所舍。我们在继承服装传统的时候同样存在取与舍的问题，要取传统美学的精神韵味而舍一成不变的传统形式，进而达到"如盐之于水，存其咸味而无踪迹"的境界。传统的问题不是要不要继承的问题，它实际存在于那里，逃脱是不可能的，我们争论的只是对它的理解。中国服装传统的一个核心成分是它的审美价值观，是它追求高于形的精神的一种审美理想。姚余栋先生在他的新书中提出的用"梅花与牡丹"来表达中国文化气质这一观点，也精准地概括了中国传统服饰的文化气质、审美理念。几千年中国服饰，无论是褒衣博带、深衣襦裙，还是立领盘扣、素衫禅衣，这些具象的服装造型、纹饰图案都仅是传统服饰的形式，而真正让这些形式千变万化的是这些表面形式背后的中国文化精神，既有如牡丹般的雍容大气，又有如梅花般的凌霜傲雪。假如今天我们不再能较深刻地理解这种既包容开放又坚韧不拔的理想，而只是简单地模仿传统服饰的一些表面式样，这种"继承传统"就很可怕。

当前中国服装的流行仍处在追随西方的总趋势下，虽然中国文化复兴的意识已然觉醒，但对自己的传统西方的时尚仍会简单地搬用，模仿还普遍存在。而我们现在要做的是冷静地审视自己，审视自己的文化，审视自己和别人的差异，从而唤醒中国人集体民族意识的觉醒并确立民族息信心。从自觉和自信出发来发扬民族服饰风格，才是中国民众服饰审美取向较为成熟的表现。

未来，中国服饰向世人所展现的中国美，绝不是能够概括成独立的、绝对的唯一之美，因为那样的美似乎带有终极的、完成的、静态的意味。按照中国的哲学观念，富有生命力的并不是阴和阳的融合，而是它们在对立统一之中所产生的生生不息的生命力量。我们也可以将梅花与牡丹两种服饰美学精神看成阴阳两极，它们之间的交融和影响是一方面保留自身的特点，另一方面又不断刺激启发和丰富对方的过程。这样的过程似乎比"融合"提供更多的创造性的机会。回顾中国服装几千年的历史变迁，传承、交流、影响、创新一直在不断上演，汉唐的大气磅礴、雍容华贵与宋明的简约优雅、温润端正都同样能够表现中华民族的最高级的审美精神，至今也没有形成一种固定不变的模式，而当下的中国服饰美仍旧需要保持既有牡丹又有梅花的差异，而这种差异比最终趋于无差异的"融合"状态，要更现实，也更有意趣。

中国居住文化浅谈

林 竹

中国传统居住文化源远流长，是博大精深的中华文化的重要组成部分。或者反过来说，中国传统居住建筑是表达中国独特文化魅力的特有方式之一。苏东坡在著名的《于潜僧绿筠轩》中写道："宁可食无肉，不可居无竹。无肉令人瘦，无竹令人俗。"这段名句把中国人对居住文化境界的追求表达得淋漓尽致。

中国传统居住文化以大中华文化为主体，在特定的地域、民族、气候、制度以及宗教等不同因素影响下演变而成，具有丰富的差异性，但总体而言，"天人合一"的哲学思想及审美观念贯穿东西南北，是指导中国传统居住建筑发展的基本原则，遵法自然、合于天地，几近成了人们的自觉审美意识。追求天、地、人三者和谐如一，成为中国传统居住文化内在追求的一个理想境界。

"天人合一"是中国哲学的最高境界。在先秦时期，"天人"问题就是哲学争论的重大主题，儒家对"以德比天"的社会道德的追求，道家超凡脱俗、纯任自然的人生观都在进行着"天人"关系的思考。"天人"关系就像一条主线贯穿整部中华文化史。而中国古代哲学家们处理"天人"关系的基本原则的主流就是"天人合一"，认为"天人"本来就是一个相融相生的共同体，就像宋代大理学家程颢所说"天人本无二，不必言合"。只是"天人合一"思想因儒、道、佛、易学、玄学等各家各派对"天"与"人"各自内涵和外延及其相互关系的不同理解而具有多重含义，"天人合一"命题因而具有多元性，意蕴而呈现出思想的丰富性及饱满性。

首先是儒家对"天人合一"哲学美学境界的追求。从某种意义上而言，中国传统建筑文化无形中成了儒家阐释和宣教自己思想主张的一种最直接的具象化手段。在礼教政治伦理色彩非常浓厚的儒家"天人合一"思想氛围中，中国传统建筑文化不仅成了儒家"天人合一"理论的一种实际承接者，而且在客观上成了其理论的实际操行者。从坛庙、社庙、都城一直到宫殿、陵寝、民宅，都反映出儒家追求"天人合一"礼制结局及审美情趣的影子。同时，道家的"天人合一"理念对于中国建筑也具有深远影响。道家重自然（天道），而儒家重社会（人道）；一个是以天然胜，一个是以人工胜；一个崇朴素，一个主绚丽。二者均给后代中国城市和建筑发展以巨大影响。

"天人合一"本身以及由其演化而来的阴阳五行学说、风水学说等，都对我国古代的城市规划和建筑设计产生了影响。风水学说古称"堪舆学"，是一门将抽象的"天人合一"学说及其演变的众多哲学学说，具体运用到城邑、建筑的体认和理解上，并实施反映在微观建筑的选址、朝向、规模、法式等具体措施、规制和习俗上的技术。纵观古代中国建筑文化发展史，不管是官式建筑，还是民间建筑，都可以清楚地看到以下几个方面的特点：首先，中国古代建筑在建制规模上"尚大"，尚大在中国古代建筑营事活动中似乎是个经久不衰的规制和习俗，因为古代中国人所体会、认识到的天地宇宙属性为其大无比，只要一定的社会经济、建筑材料及技术水平允许，人们总是愿意将建筑物建造得尽可能大，以象征天地宇宙之大。其次，在建筑选址布局上"尚中"，武王姬发在周朝初立之时就提出要"定天保，依天室"。古人在建立王朝时，总是试图选择与天界之"天邑"对应的地上"土中"来建国兴邦。在确定了国邦城邑的"土中"建筑位置后，人们在具体的建筑单体及群体的布局安排上，又极力追求最具中国传统建筑意蕴色彩的建筑实举——中轴线效果。再次，在建材组配上"尚木构"，似乎是以对建筑物质用材及组配方面的"合一"为出发点。最后，在建筑装饰色彩上注重与阴阳五行中金、木、水、火、土五元素相关的原色，从总体上来说，中国建筑喜欢从与阴阳五行相关的五种原色中选择适用的色彩。

在中国传统文化的艺术精神及审美心理结构中，在崇尚天道自然的思维模式影响下，中国人很早就把自然、山水、风景、植物作为审美的对照对象。中国建筑环境的自然观也因山水美学的发达积累了相当深厚的文化底蕴。这种环境美学观的本质特征则在于"中和美"的协调。中国园林最高的美学理想是"意境美"的追求，给人以只可意会不可言传的审美情趣。中国式的园林中，梅、兰、菊、竹经常会出现在最恰当的对景中，让赏景人从自然的意境美达至植物花卉带来的另类精神境界，从而得到最大的精神享受，这也是中国居住文化的精妙所在。

在文化传承的基础上，中华文化需要面向未来包容东西、兼收并蓄。最新颁布的城镇化国策提出城市的发展要留住"乡愁"，要延续"文脉"，这些都是引导中华"大居住文化"健康发展的良策。连战先生日前来访大陆，习近平主席说道："因为我们的血脉里流动的都是中华民族的血，我们的精神上坚守的都是中华民族的魂"。如果真的要寻找现代大中华文化的根和魂，什么东西可以表达我们共同的追求和价值观呢？梅花和牡丹，这一对在中华大地上传颂千年的姊妹花，以其灿烂的形象和丰富的精神内涵，当之无愧地成为了现代中国文化的精华和代表，坚毅与从容、含蓄与开放、简约与华贵，以和谐的花容表达着阴阳两极的对立统一和转化，必将引发中国新居住文化的革命和创新，从而使其生生不息、持续发展。

中华佳人词

王 晨

月儿冰冰，凉尔初心，眼以暖暖，戒尔辗转。

风儿轻轻，远尔念记，手以柔柔，解尔虑忧。

水儿伶伶，忘尔思行，身以瑟瑟，远尔责仄。

路儿遥遥，忆尔颦貌，灯以盏盏，祈尔坦坦。

缘儿深深，望尔殷殷，份以浅浅，背尔掩掩。

树儿静静，待尔依倚，笑以簌簌，盼尔留驻。

夜儿紧紧，催尔别离，神以安安，平尔意乱。

天儿长长，待尔高翔，泪以含含，免尔惘然。

上行，以切切之姿，无为之态，雅而健，和而异，乃化入世之身，驭出世之为，得善世之果也。

临江仙

胡碧珠

窗外飞花迷人眼，春光匆匆难留。东风暗换似水流。把酒有气概，伏案更风流。迟暮渐隐别不易，笑语却抒离

242

愁。还好青梅挂枝头。登高一呼应，长歌烟雨楼。

《梅花与牡丹》赋

姚余栋

雄州雾列，八荒六合；

南方北方，长江黄河；

傲雪寒梅，芳唯牡丹；

炎黄联盟，文明肇创；

大禹治水，苦难辉煌；

万邦同源，归心华夏；

梅花牡丹，国花为斯；

汉唐盛世，坚韧雍容；

绵延万年，生生不息；

改革开放，浴火重生；

凤鸟已出，复兴在望；

达人知命，乐天委仁。

渔家傲·梅花与牡丹

高云才

小序：悠悠中华千载，梅花与牡丹传承。梅为精神，牡为品质，交相呼应，薪火相传，芬芳万里。今有姚余栋者，梳耙耧犁，欲道梅花与牡丹之万一而醒于世者，而勉于人者，而励于事者，确为独到，犹雁荡山之谷深，洛基山之脉远，幸甚。兹记之。

梅缠雪线牡醒春，

年少面壁指乾坤。

马衔铃，水拍谷深。

波涛滚，

逶迤天边旌旗奋。

梅花把盏晋律酣，

牡丹秀纶唐音魂。

啸声里，龙盘虎贲。

却原来，

天下平顺。

一只中华文化复兴的"萤火虫"

萤火虫在飞

看那，

千万只萤火虫在飞，

聚成团、组成行，

黎明前挥动我们的翅膀，

短暂的生命，发出微微的光芒，

仿若一盏灯，照亮太阳升起前的黑夜；

我们不是日月星辰，

我们微小，但我们并不渺小。

当太阳缓缓地从地平线上升起时，

那第一缕霞光见证了我们凄美的存在。

何必记得我们曾经燃烧的光亮？

因为萤火虫的心愿，

就是冲破黎明前的黑暗，

迎接那万丈光芒。

打上最后一个句号，清华园已是冬去春来，春回大地。追寻中华民族消逝在远古的童年时光，文字的流淌与内心的波涛互为激荡。不知不觉，我已是热泪盈眶。这本书十易其稿，倾注了我多年对中华文化研究的心血，四年多我在假期特别是春节假期中艰辛笔耕。尽管才过不惑之年，但已满头白发。

我自幼喜欢读历史，"生年不满百，常怀千岁忧"。中国从 20 世纪初的百年变迁在我成长的这样普通家庭中得到映衬。我的祖辈来自山东，最先来到辽宁，后来因为康熙年间允许满汉通婚，身为汉族的爷爷娶了满族正蓝旗的奶奶，是为"闯关东"。后来爷爷奶奶从辽宁"二闯关东"，来到哈尔滨，生下了我的父亲。后来爷爷被日本侵略军抓去当劳工，屈死在劳工营里，给家庭带来沉重灾难。我的父母是在新中国成立后读的书，他们是 20 世纪 60 年代初的大学生，在毕业的前两年"文化大革命"爆发了，毕业后他们参加了西北的"三线建设"直到退休。我出生在宁夏贺兰山脚下，成长在改革开放的春风里，求学于东南大学和清华大学。1995 年末出国的时候就想有朝一日学成回来建设祖国，于是就抓紧时间看世界。在英国苦读 5 年，在美国工作 5 年，其间去过欧洲、拉丁美洲、非洲和东亚的一些国家。2003 年由于中央实施东北老工业基地振兴战略，2005 年我又回到当年爷爷奶奶"闯关东"的终点——哈尔滨，为东北老工业基地振兴做一点儿力所能及的工作，2010 年到中国人民银行工作，做了一名光荣的央行人。"闯关东"、"满汉通婚"、日本入侵、新中国成立、"文化大革命"、"三线建设"、改革开放、东北老工业基地振兴和人民币国际化这些重大历史事件都在中国一个普通家庭史上起了决定性作用。个人的小时代从属于他的大时代，个人的前途命运与民族的前途命运休戚与共，谁也不能超脱。

作为一名经济工作者，并且出生在这个历史上最好的年代，我感到幸运。中华民族伟大经济复兴的机遇是"千年等一回"。经济复兴已经进入中后期，文化复兴的端倪已露。

　　生长在文化断层中的我，冒失闯入文化领域，这是我完全没有想到的。读钱穆的《中国文化史导论》一书，我深刻地感受到钱穆对于中国文化的自信，对中国历史的"温情与敬意"。为了返古开新，著名文化学者孙皓晖就从中国古老的原生文明着手，历时十六年创作皇皇巨著《大秦帝国》。1993 年秋天，孙皓晖动笔写《大秦帝国》。1998 年春天，孙皓晖带着妻子，在海口一个僻静的小区居住下来。2008 年春天，当孙皓晖敲下小说《大秦帝国》的最后一个句号时，他满头黑发已经灰白。从 43 岁到 59 岁，他人生中最美好、最年富力强的 16 年，都义无反顾地献给了《大秦帝国》。2012 年伊始，他又完成了《中国原生文明启示录》，越过两千年，对接中华文明青春期。孙皓晖的故事让我想起一句话："士不可以不弘毅，任重而道远。仁以为己任，不亦重乎？死而后已，不亦远乎？"

　　我努力学习文化前辈们的崇高品质，在平时工作非常繁忙之余，利用几乎所有休假，将勤奋程度发挥到了个人极限，虽银发冲击仍踟蹰前行，努力返古开新。历时近四年，才有今天奉献给读者的拙作。

　　我所做的，不过是精卫所衔的一枝微木。

　　一个人生命中最大的幸运，是能得到诸多老师的指导和朋友们的鼓励，唯有此我才有毅力将四十岁时才开始的对"梅花与牡丹"的领悟做进一步深入研究，于是不经意碰上人类学。通过与师友的反复讨论，我感觉"梅花"与"牡丹"两种花不仅可能代表民族精神，而且可能成为人类社会的时代精神。我提出中国史前史新框架，包括同源变异说的中华文明起源新说，在很大程度上是基于经济学的理论及对中华文化的合理推论，也有一定程度的想象。我真诚期待考古学界和人类学家对我这个临时跨界的经济学工作者批评指正。

　　"梅花与牡丹"为我们理解中华文化提供了一个起点和路标。换句话说，它们是"开胃菜"，然而，起点、路标与地图自身并不是中华文化，不是"主菜"。"梅花与牡丹"可以用于理解与解释中华文化的一些深层次问题，但由于这种理解与解释的视角具有超越历史与地域的特征，我们不能简单地认为就此可以理解中华文化。要深入理解现代中华文化，读者还要付出艰苦的努力。

　　我也关心身后的评价，在意中国慎终追远的传统。司马迁在《报任安书》中说，"要之死日，然后是非乃定"。我的中国梦就是做一只经济复兴的小蜜蜂和一只文化复兴的萤火虫。如果我能获得"他是中华民族伟大复兴时代的一个合格的经济学家和文化学者"这一句话互联网墓志铭，则心满意足了。

最后，我要感谢我的家人——妻子王佳平和女儿姚庆蕾。妻子和女儿无条件的支持是我度过每一个艰苦创作之夜的不竭动力。中国人民银行文联前主席初本德和现任文联主席张汉平阅读了每一个初稿，提出了宝贵的修改建议。还要感谢另外为我作序的王广宇、魏革军、戴兵、黄剑辉。感谢宋汉光、高云才、洪祖杰，他们的题字和国画亦为这部作品增添了艺术的光彩。感谢人民银行纪委王华庆书记，中国文艺评论家协会仲呈祥主席，以及彭程、贾康、胡一峰、路金波、李姜元鸿、李波、孙大海、黄伟、黄格非、唐小惠、蒋宇之、苏晗、刘洁、高坡、徐刚、罗海岩、郭强、可祥法师，他们分别对本书进行了中肯的评价。感谢新供给经济学研究院和50人论坛的大力支持与帮助，特别感谢洪崎理事长和贾康院长的悉心指导。感谢多位书友特别是谭海鸣、陆杨、王翔、赵宪刚、王晨、张艺、孙大海、李波、潘晓江、刘洁等的帮助审改，刘丰、赵炳阳和姚余梁都仔细阅读了每一稿，给我很多重要的修改意见。感谢宋军、郑五福、王庆、孙鹏、陈晓伟、马续田、蒋国荣、谢继军、白伟群、王道南、楚艳、彭子瑄、张继中、鞠瑾、周健男、林竹、白秋晨、龚牧龙、邝霞、黄黎明、楚云舒、李达、王晨、沈丽，他们的工作为本书增色不少。我感谢中国金融出版社魏革军社长和张蕾编辑，以及仲垣主任与张黎黎编辑，感谢蓝狮子吴晓波老师和王留全主编的鼓励。蓝狮子的康晓明副主编是位有文化底蕴的严谨编辑，为此书付梓做了大量工作。在此，一并向他们表示由衷的感谢。